마태복음 강해 4

너희도 포도원에 들어가라

박옥수 지음

| 저자의 글 |————————————

4복음서 가운데 예수님이 하신 말씀이 마태복음에 가장 많이 나온다. 그래서 나는 예수님의 음성을 듣고 싶을 때에는 마태복음을 읽는다. 산상보훈, 씨 뿌리는 비유, 포도원의 농부들 이야기…. 예수님이 하신 이야기를 읽다 보면, 나도 예수님이 계셨던 2천 년 전 유대 땅으로 옮겨가 말씀을 듣는 사람들 틈에 앉아서 함께 듣고 있는 것 같다.

예수님은 마태복음 앞부분에서 복 있는 사람에 대해 말씀하셨다. 심령이 가난한 자, 애통하는 자, 의에 주리고 목마른 자…. 복의 근원인 예수 그리스도를 받아들일 수 있는 마음을 가진 사람들이다.

한 문둥병자가 "주여, 원하시면 저를 깨끗하게 하실 수 있나이다."라고 했을 때 예수님은 "내가 원하노니 깨끗함을 받으라." 하셨다. 중풍병 걸린 하인을 고쳐 달라고 하는 백부장에게는 "가라. 네 믿은 대로 될지어다." 하셨고, 중풍병자에게는 "네 침상을 가지고 집으로 가라." 하셨으며, 딸에게서 귀신을 쫓아내 달라고 간구한 가나안 여자에게는 "네 소원대로 되리라." 하셨다. 많은 사람들이 예수님을 만나 질병에서, 고통에서, 죄에서 벗어나 밝고 감사한 새 삶을 시작할 수 있었다.

마태복음 후반부에서는 예수님이 멸망을 당하는 사람들 이야기를 많이 하셨다. 포도원의 농부들은 주인이 세로 준 포도원에서 행복하게 살았지만 주인이 보낸 하인들을 죽이고 아들마저 죽여 멸망을 당했다. 임금님의 혼인 잔치에 초청받은 사람들도 임금님이 보낸 사환들을 능욕하고 죽여 진멸을 당했다.

마태복음은 예수님을 왕으로 그렸다. 왕은 이야기하며, 왕이 한 이야기는 그대로 시행된다. 예수님은 은혜가 필요한 사람들에게서 고통, 슬픔, 절망, 죄악을 제하여 주셨다. 반대로 자신이 악한 것을 알지 못해 마음이 높아져서 자신의 길을 간 사람들은 결국 멸망을 당한다는 사실을 이야기하셨다.

이 책을 읽는 독자들이 다 멸망의 길에 서지 않고 예수님의 은혜를 입는 길에 서길 바란다. 예수님의 말씀을 듣고 밝고 행복한 삶을 얻어서, 마음에 기쁨과 평안과 감사가 늘 머물게 되길 바란다.

기쁜소식강남교회 목사 박옥수

목 차

71강	너희 유전으로 하나님의 말씀을 폐하는도다	8
72강	장로들의 유전과 하나님의 약속	18
73강	저희와 세울 언약이 이것이라	28
74강	이미 사흘이매 먹을 것이 없도다	38
75강	개들도 상에서 떨어지는 부스러기를 먹나이다	48
76강	바리새인과 사두개인들의 누룩을 주의하라	58
77강	이를 네게 알게 한 이는 내 아버지시니라	68
78강	주여, 그리 마옵소서	78
79강	얼굴이 해같이 빛나며 옷이 빛같이 희어졌더라	86
80강	주의 제자들에게 데리고 왔으나	94
81강	믿음이 없고 패역한 세대여	104
82강	한 세겔을 얻을 것이니	114
83강	어린아이와 같이 자기를 낮추는 이가 큰 자니라	124

84강	네 손이나 발이 너를 범죄케 하거든	134
85강	형제가 죄를 범하거든 권고하라	144
86강	네 빚을 전부 탕감하여 주었거늘	152
87강	둘이 한 몸이 될지니라	162
88강	둘이 아니요 한 몸이니	172
89강	무슨 선한 일을 하여야 영생을 얻으리이까?	182
90강	너희도 포도원에 들어가라	192
91강	수고와 더위를 견딘 우리와 같게 하였나이다	202
92강	하나는 주의 우편에, 하나는 좌편에 앉게 명하소서	212
93강	주여, 우리를 불쌍히 여기소서	222
94강	감람산 벳바게에 이르렀을 때에	232
95강	예루살렘에 들어가시니 온 성이 소동하여	242
96강	잎사귀만 무성한 무화과나무	250
97강	멸망의 길로 간 포도원 농부들	260

4
너희도 포도원에 들어가라

내가 네 빚을
전부 탕감하여 주었거늘

71강

너희 유전으로 하나님의 말씀을 폐하는도다

"그때에 바리새인과 서기관들이 예루살렘으로부터 예수께 나아와 가로되, 당신의 제자들이 어찌하여 장로들의 유전을 범하나이까? 떡 먹을 때에 손을 씻지 아니하나이다. 대답하여 가라사대, 너희는 어찌하여 너희 유전으로 하나님의 계명을 범하느뇨? 하나님이 이르셨으되 '네 부모를 공경하라' 하시고 또 '아비나 어미를 훼방하는 자는 반드시 죽으리라' 하셨거늘 너희는 가로되 '누구든지 아비에게나 어미에게 말하기를 내가 드려 유익하게 할 것이 하나님께 드림이 되었다고 하기만 하면 그 부모를 공경할 것이 없다' 하여 너희 유전으로 하나님의 말씀을 폐하는도다."(마 15:1~6)

가시나무에서 포도를 따겠느냐?

한번은 교회 지도자들과 성경 이야기를 나누다가 제가 물었습니다. "여러분은 사람들에게 선을 행하라고 하십니까?" 그 자리에 있던 분들이 대부분 "예, 그렇게 하고 있습니다."라고 대답했습니다. 제가 다시 물었습니다. "인간이 선을 행할 수 있다고 생각하십니까?" 사람들이 선뜻 대답하지 못했습니다.

사도 바울은 로마서 7장에서 말하기를, **"내 속 곧 내 육신에 선한 것이 거하지 아니하는 줄을 아노니"**라고 했습니다. 예수님은 마태복음 7장에서 **"가시나무에서 포도를, 또는 엉겅퀴에서 무화과를 따겠느냐?"**라고 하셨습니다. 누가복음 10장에서 어떤 율법사가 예수님께 "내가 무엇을 하여야 영생을 얻으리이까?"라고 물었습니다. 율법사는 자신이 무엇을 잘할 수 있다고 여겼던 모양입니다. 그러나 성경은, 인간은 선을 행할 수 없다고 이야기합니다. 어느 누구도 선을 행하지 못한다고 했습니다.

사람들이 하나님의 은혜를 입지 못하는 가장 큰 이유가 그것입니다. 자신이 하려고 하면 선을 행할 수 있다고 생각합니다. 인간이 그런 마음을 가지고 있기 때문에 하나님께서 율법을 주셨습니다. 율법을 지키려고 하면 자꾸 죄를 짓는 자신을 보게 됩니다. 하나님은 그렇게 해서, 우리가 선을 행할 수 없다는 사실을 깨우쳐주려 하셨습니다. 우리가 선을 행할 수 없다는 사실을 알게 될 때 자신의 의를 버리고 예수님의 은혜를 입습니다.

세상에 많은 종교가 있고, 각 종교 안에도 여러 교파가 있습니다. 어느 종교든지 악을 추구하는 종교는 찾기 굉장히 어렵습니다. 종교마다 선을 행하라고 가르칩니다. 거짓을 행하지 말라고, 사람들을 사랑하라고 가르칩니다. 그러나 성경은 인간이 선을 행할 수 없다고 이야기합니다. 그 사실을 가르치기 위해 하나님께서 율법을 주셨다고 말합니다.

이 정도 하면 잘한 거야

마태복음 15장에서 바리새인들과 서기관들이 예수님께 나아와 '당신의 제자들은 왜 장로의 유전을 어기느냐?'고 따졌습니다. 그들이 말하는 유전은 '떡을 먹을 때에 손을 씻어야 한다'는 규례였습니다. 예수님의 제자들이 손을 씻지 않고 음식을 먹었다는 것입니다. 바리새인들과 서기관들이 그것을 가지고 트집을 잡아 예수님께 말했습니다.

　예수님께서 그들에게 대답하시길 "너희는 어찌하여 너희 유전으로 하나님의 계명을 범하느뇨?"라고 하셨습니다. 하나님의 계명에는 '네 부모를 공경하라' 했습니다. '아비나 어미를 훼방하는 자는 반드시 죽으리라' 했습니다. 그런데 유대교인들이 가진 유전에는, '부모님께 드릴 것을 하나님께 드렸다고 하면 부모를 공경할 것이 없다'고 했습니다. 예수님은 바리새인들과 서기관들에게 "너희 유전으로 하나님의 말씀을 폐하는도다."라고 하셨습니다.

　한 율법사가 예수님께 "내가 무엇을 하여야 영생을 얻으리이까?"라고 물었습니다. 신앙에는 두 길이 있습니다. 하나는 내가 하는 길이고, 다른 하나는 예수님이 하시는 길입니다. 내가 선을 행할 수 있으면 나를 믿어야 하고, 내가 선을 행하지 못하고 예수님이 하시면 예수님을 믿어야 합니다. 많은 사람들이 하나님을 믿는다고 하면서 하나님보다 자기를 믿는 마음이 큽니다. 그래서 자신이 선을 행하려고 하고 자신이 무엇을 잘하려고 합니다.

내가 선을 행하고, 내가 율법을 지키고, 내가 하나님을 공경하고…. 많은 사람들이 이렇게 행해서 하나님의 복을 받으려고 합니다. 그러나 실제로 해보면, 처음에는 행하는 것처럼 보이지만 안 됩니다. 인간은 선을 행할 수 없기 때문입니다. 물론, 선을 행하는 것처럼 보일 수는 있습니다. 그러나 마음에서 우러나오는 선을 행하는 사람은 없습니다. 그러니까 '이 정도 하면 잘한 거야' 하고 스스로 기준을 낮춥니다. 적당히 규례를 정한 뒤 그만큼만 해도 선하게 사는 거라고 여기며, 그렇게 살아야 한다고 가르칩니다.

생명의 성령의 법이 죄와 사망의 법에서 너를 해방하였음이라

하나님은 왜 예수님을 우리에게 보내셨습니까? 인간은 두 가지 문제를 가지고 있습니다. 첫 번째 문제는, 어느 누구도 선을 행하지 못한다는 사실입니다. 두 번째 문제는, 모든 사람이 죄를 짓지만 그 죄를 전혀 해결하지 못한다는 사실입니다. 그렇기 때문에 하나님은 예수님을 세상에 보내셔서, 예수님으로 하여금 우리 죄를 해결하게 하시고 우리를 의롭게 만들게 하셨습니다.

안타깝게도, 오늘날 교회에 다니는 많은 사람이 자신이 선을 행해서 하나님의 복을 받으려고 애씁니다. 그렇게 하면 넘어지고 맙니다. 죄를 짓지 않고 선을 행하려고 하면 어느 정도는 되는 것 같지만, 결국 죄를 짓는 자신을 보게 됩니다. '아, 내가 죄를 지었구나…. 이번에는 실수했지만 다시는 죄를 짓지 말자!' 이전보다 마음을 더 써서 죄를 짓지 않으려고 합니다. 처음에는 되는 것 같지만 또 넘어집니다. 또 죄를 짓고, 또 죄를 짓습니다. 사람들은 자신이 선을 행할 수 없다는 사실을 모릅니다. 그래서 계속 선하게 살려고 하다가 결국 지쳐버립니다.

반드시 알아야 하는 사실이 있습니다. 성경은 **"기록한바 의인은 없나니 하나도 없으며"**(롬 3:10)라고 말합니다. 또한, **"노아의 사적은 이러하니라. 노아는 의인이요…"**(창 6:9)라고 말합니다. 어느 곳에서는 의인이 없다고 하고, 어느 곳에서는 의인이 있다고 합니다. 성경이 왜 이렇게 이야기하는지 알아야 합니다. 인간의 행위로 하나님 앞에 의롭게 될 사람은 아무도 없습니다. 그러나 하나님의 의를 받아들여서 의롭게 되는 사람은 있습니다.

거듭난 성도가 의롭다는 것은 스스로 의롭게 되었다는 이야기가 아닙니다. 우리가 예수님의 의를 받아들여서 의롭게 되지 스스로 의롭게 될 수는 없습니다. 성도가 선을 행하는 것도 마찬가지입니다. 우리 속에는 악이 가득해서 스스로 선을 행할 수 없습니다. 우리 생각을 버리고 예수 그리스도의 마음을 받아들을 때, 그 마음으로 선을 행할 수 있습니다.

스스로 선하려고 하고 스스로 율법을 지키려고 하는 사람은 결국 무너집니다. 죄를 짓고 악을 행할 때마다 '내가 왜 이러지?' 하며 더 강하게 다짐하지만, 결국 다시 죄를 짓는 자신을 보게 됩니다. 열심히 하면 될 것 같지만, 인간은 결국 안 됩니다. 어느 시점에 도달하면 '나는 안 되는구나' 하는 데에 이릅니다.

로마서 7장에 보면, 사도 바울이 선을 행하려고 애썼지만 악한 자신을 발견할 뿐이었습니다. 자신이 원하는 바 선은 행하지 않고 도리어 원치 않는 바 악을 행한다고 했습니다. 바울은 결국 자신 속에 선이 거하지 않는다는 사실을 알았습니다. **"내 속, 곧 내 육신에 선한 것이 거하지 아니하는 줄을 아노니, 원함은 내게 있으나 선을 행하는 것은 없노라."**(롬 7:18) 선을 행하기 원하는 마음만 있을 뿐 선을 행하는 것은 없다고 했습니다. 마지막에 사도 바울은 **"오호라, 나는 곤고한 사람이로다. 이 사망의 몸에서 누가 나를 건져내랴!"**(롬 7:24)라고 탄식했습니다.

이 상태에서 로마서 8장으로 넘어갑니다. 로마서 7장은 인간이 선을 행하려고 애쓰는 내용으로, 거기에는 예수님이 안 보이고 발버둥 치며 괴로워하는 인간만 보입니다. 로마서 8장에 들어서면 예수님이 나타납니다.

"그러므로 이제 그리스도 예수 안에 있는 자에게는 결코 정죄함이 없나니 이는 그리스도 예수 안에 있는 생명의 성령의 법이 죄와 사망의 법에서 너를 해방하였음이라."(롬 8:1~2)

예수님 안에 있으면 정죄함이 없습니다. 생명의 성령의 법이 죄와 사망의 법에서 우리를 해방했기 때문입니다. 우리가 정죄를 당하지 않는 이유가 죄를 짓지 않고 선을 행해서가 아니라, 예수님으로 말미암아 더이상 율법 아래 있지 않기 때문입니다. 또한, 선을 행하는 것이 우리로 말미암는 것이 아니라 우리 안에 거하시는 예수님으로 말미암는다고 이야기합니다.

하나님의 영으로 말미암지 않고 자신이 선을 행하려고 하고, 자신이 진리를 따라 거룩하게 살려고 하고, 자신이 율법을 지키려고 하면 반드시 실패합니다. 결국 도저히 이렇게 할 수 없다는 사실을 깨닫게 됩니다. 이 사실을 깨닫기 전까지 사람들은 선을 행하려고 애를 씁니다. '이번에는 실패했지만 다시 해볼 거야.' '이번에도 실패했네. 다시 해보자!'

율법이 하지 못한 것을 하나님은 하신다

신앙생활이 힘들고 고통스럽다는 것은, 자신이 무엇을 행하려 하고 있다는 말입니다. 악한 마음을 가지고 하나님의 기준에 도달하려고 하니, 불가능한 일을 이루려고 하니 얼마나 어렵겠습니까! 최선을 다하면 할 수 있을 것 같지만 해보면 안 됩니다.

 미국 개척기에 사람들이 들에 사는 야생마를 밧줄로 잡아서 길들였습니다. 야생마가 길들여지고 싶겠습니까? 계속 반항하지만 너무 힘드니까 어느 순간 포기하고 사람에게 굴복합니다. 사람이 시키는 대로 따릅니다. 그때부터 말이 사람과 같이 움직입니다. 야생마가 포기하듯 우리도 선을 행하려는 마음을 포기할 때가 있습니다. 그때 하나님 앞에 굴복합니다. 그러면 하나님의 뜻이 우리 마음과 삶을 이끌고 갑니다.

 자신이 선을 행할 수 있다는 사람, 율법을 지킬 수 있다는 사람은 아무리 하나님께 순종하려고 해도 안 됩니다. 악한 자신이 꺾이지 않았기 때문에 하나님이 그 사람을 인도하실 수 없습니다. 그래서 하나님은 인간으로 하여금 율법을 어기고 죄를 짓게 하여 사람이 악한 것을 보여 주십니다. 인간은 야생마와 비슷한 면이 많습니다. 만일 우리가 선을 잘 행하고 율법을 잘 지킨다면 자기 뜻대로 하고 싶을 것입니다. 절대로 예수님께 순종하거나 굴복하려고 하지 않을 것입니다. 그러면 예수님의 의를 받아들이는 것이 굉장히 어렵습니다.

인간은 선을 행할 수 없습니다. 아무리 죄를 짓지 않으려고 해도 죄를 짓습니다. 그래서 어느 날 사도 바울과 같은 고백을 합니다.

"내 속, 곧 내 육신에 선한 것이 거하지 아니하는 줄을 아노니 원함은 내게 있으나 선을 행하는 것은 없노라."(롬 7:18)

자신에게 선이 없다는 사실을 알고 탄식합니다.

"오호라, 나는 곤고한 사람이로다. 이 사망의 몸에서 누가 나를 건져내랴!"(롬 7:24)

자신의 힘으로는 죄에서, 어둠에서, 멸망에서 벗어날 수 없습니다. 이 상태에서 자신을 의지하는 마음이 죽고 로마서 8장으로 넘어갑니다. 로마서 8장은 인간에 의해서 이루어지는 일이 아니라 예수님으로 말미암아 이루어지는 일입니다.

율법이 인간의 육신으로 말미암아 연약하여 할 수 없는 것을 하나님은 하신다고 했습니다. 무슨 이야기입니까? 어느 날 율법이 인간을 찾아왔습니다.

"인간아, 내가 너를 선한 사람으로 만들어 줄게. 하나님을 따르는 사람으로 만들어 줄게. 내가 시키는 대로 하면 돼. '하나님 외에 다른 신을 두지 마. 너를 위해 우상을 만들지 마. 여호와의 이름을 망령되이 일컫지 마. 안식일을 기억해서 거룩하게 지켜. 네 부모를 공경해. 살인하지 마. 간음하지 마. 도둑질하지 마. 거짓 증거하지 마. 탐내지 마.' 알겠지?"

율법이 인간을 선하게 만들려고 했습니다. 인간이 율법대로 선하게 살려고 했지만, 이 일은 결국 실패했습니다. 인간의 육신이 연약해서 율법의 요구를 따르지 못하기 때문입니다. 율법이 아무리 인간을 끌려고 해도 육신이 약해서 따라가지 못합니다. 결국 율법은 인간을 의롭게 하지 못하고 거룩하게 하지 못했습니다. 율법이 하지 못한 것을 하나님은 하신다고 했습니다. 인간에게 선하게 살라고 하시는 것이 아니라 우리 안에 하나님의 마음을 넣어주어, 우리가 하나님의 영을 좇아 살게 하신 것입니다.

악을 행하면서도 선하다고 생각하는 사람들

바리새인들과 서기관들이 예수님께 장로들의 유전에 관하여 이야기했습니다. 장로의 유전은 하나님의 말씀이 아닙니다. 나름대로 선하게 살 수 있는 길을 이야기한 것입니다. 우리가 장로들의 유전을 좇아서 선하게 될 수 있습니까? 없습니다. 그것으로 선하게 될 수 없는데 바리새인들과 서기관들은 유전을 가지고 따졌습니다. 예수님께서 그들에게 '너희는 유전을 가지고 하나님의 말씀을 거스르잖아' 하셨습니다.

유대인들이 말씀과 다른 장로들의 유전을 따랐던 것처럼, 오늘날도 많은 사람이 성경과 다른 자신의 기준을 정해놓고 그 기준에 맞으면 신앙생활을 잘한다고 생각합니다. "나는 성경 말씀대로 거짓말하지 않아. 한두 번 했지만 속이려고 한 것은 아니고 어쩌다 그렇게 됐어. 그 거짓말로 상대에게 해를 끼친 것도 아니고." 악을 행하면서도 자신이 선하다고 생각하고, 그렇게 말합니다. 그래서 예수님이 말씀하십니다.

"이 백성이 입술로는 나를 존경하되 마음은 내게서 멀도다."(마 15:8)

인생을 잘 모르는 사람은 자기를 믿습니다. "나는 한다면 하는 사람입니다." "나는 인생 비뚤게 살지 않았습니다." 자기를 믿는 사람은 자기를 정확히 모르는 사람입니다. 자기 자신을 정확하게 알면 절대로 그렇게 말하지 못합니다. 하나님은 우리가 자신을 정확히 알게 되기를 원하십니다. 그래서 우리를 실패하고, 넘어지고, 죄를 짓게 놔두십니다.

하나님의 말씀 외에 다른 기준이 있어서는 안 됩니다. 인간의 기준을 버리고 하나님의 말씀 앞에 설 때 예수 그리스도의 세계에 들어갈 수 있습니다. 하나님이 주신 율법 앞에서 죄인인 것을 발견해야 하고, 자신을 믿는 마음에서 떠나 하나님의 은혜를 입어야 합니다.

72강

장로들의 유전과 하나님의 약속

"그때에 바리새인과 서기관들이 예루살렘으로부터 예수께 나아와 가로되 '당신의 제자들이 어찌하여 장로들의 유전을 범하나이까? 떡 먹을 때에 손을 씻지 아니하나이다.' 대답하여 가라사대 '너희는 어찌하여 너희 유전으로 하나님의 계명을 범하느뇨? 하나님이 이르셨으되 "네 부모를 공경하라" … 하셨거늘 너희는 가로되 "누구든지 아비에게나 어미에게 말하기를, 내가 드려 유익하게 할 것이 하나님께 드림이 되었다고 하기만 하면 그 부모를 공경할 것이 없다" 하여 너희 유전으로 하나님의 말씀을 폐하는도다. 외식하는 자들아, 이사야가 너희에게 대하여 잘 예언하였도다. 일렀으되 "이 백성이 입술로는 나를 존경하되 마음은 내게서 멀도다. 사람의 계명으로 교훈을 삼아 가르치니 나를 헛되이 경배하는도다" 하였느니라' 하시고"(마 15:1~9)

성경에 비추어보는가, 교회의 법을 따르는가?

예수님 당시에 유대인들에게는 구약 성경도 있었지만 전해져 내려오는 장로들이 세운 규례들이 있었습니다. 오늘날도 성경 말씀을 중심으로 하나님을 믿는다고 하지만, 장로교회나 감리교회나 침례교회나 조금씩 차이가 있습니다. 안식일교회에서는 안식일을 철저히 지켜야 한다고 말하는 등 각 교회마다 특징을 가지고 있습니다.

저도 우리 교회를 인도하면서 성경 말씀이 아닌 다른 법을 만들지 않으려고 늘 생각합니다. 목회자들이 가장 쉽게 목회하는 길은, 교회에 몇몇 가지 법을 만들어 놓아서 성도들로 하여금 따르게 하는 것입니다. 예를 들어 말하자면, '성경을 읽어야 한다, 주일 예배에 참석해야 한다' 등등을 정해 놓으면, 그 법을 따르는 사람들은 자신의 신앙이 좋다고 생각합니다.

많은 사람들이 자신의 신앙을 성경에 비추어보는 것이 아니라 교회의 법을 따르면 신앙이 괜찮다고 생각합니다. 저는 지금까지 목회를 해오면서 가능하면 교회에 법을 세우지 않으려고 애썼습니다. 그래서 교회에 처음 오는 사람이 '이런 때에는 어떻게 해야 하지?' 할 때가 있습니다.

교회에 법이 있으면 어떻게 해야 할지 금방 알지만 법이 없으면 어색할 때가 있습니다. 교회에 법을 만들어 놓으면, 이런 경우에는 이렇게 처리하고 저런 경우에는 저렇게 처리할 수 있어서 복잡한 것이 없습니다. 문제들을 쉽게 처리할 수 있고 사람들이 이해도 잘 갑니다. 그래서 어떤 때에는 저도 '이 정도 법은 세워야 하지 않을까?' 생각할 때가 있습니다. 교회 안에는 여러 문제가 일어나기 때문입니다.

그런데도 저는 법을 세우지 않아 일이 생겼을 때 성도들이 어떻게 해야 할지 몰라서 당황할 때가 있습니다. 성도는 어떤 일 앞에서 하나님께 기도하고 성령의 인도를 받는 것이 더 중요하기 때문에, 저는 교회에 법을 일체 두지 않으려고 애썼습니다.

나의 법을 그들의 속에 두며 그 마음에 기록하여

예레미야 31장을 보면 하나님께서 우리에게 주신 약속이 있습니다.

"나 여호와가 말하노라. 보라, 날이 이르리니 내가 이스라엘 집과 유다 집에 새 언약을 세우리라."(렘 31:31)

하나님이 왜 새 언약을 세우겠다고 말씀하셨습니까? 이스라엘 백성이 애굽에서 나올 때 하나님께서 시내산에서 두 개의 돌판을 주셨습니다. 그 돌판에는 열 개의 계명이 새겨져 있었습니다.

'다른 신을 네게 두지 말라, 너를 위해 우상을 만들지 말라, 여호와의 이름을 망령되이 일컫지 말라, 안식일을 기억하여 거룩하게 지키라, 네 부모를 공경하라, 살인하지 말라, 간음하지 말라, 도둑질하지 말라, 거짓 증거하지 말라, 탐내지 말라.'

하나님이 이스라엘 백성에게 십계명을 비롯해 율법을 주시며, 그 법을 지키면 복을 주겠다고 약속하셨습니다. 그런데 예레미야 31장에서 그 약속 대신 새로운 약속을 세우겠다고 하셨습니다. 제가 이 내용을 읽으면서 굉장히 관심이 갔습니다. '하나님이 율법 말고 어떤 법으로 이 백성들을 이끌려고 하시지? 무얼 이야기하려고 하시지?' 궁금했습니다. 32절부터 그 내용이 자세히 나와 있었습니다.

"나 여호와가 말하노라. 이 언약은 내가 그들의 열조의 손을 잡고 애굽 땅에서 인도하여 내던 날에 세운 것과 같지 아니할 것은, 내가 그들의 남편이 되었어도 그들이 내 언약을 파하였음이니라."(렘 31:32)

먼저 하나님께서 왜 새 언약을 세우시는지 이유를 말씀하셨습니다. 애굽 땅에서 나올 때 세운 첫 번째 언약인 '율법을 지키면 복을 주겠다'는 약속은 이스라엘 백성이 율법을 지키지 않아 깨졌습니다. 새 언약은 율법과 같지 않다고 했습니다.

"나 여호와가 말하노라. 그러나 그날 후에 내가 이스라엘 집에 세울 언약은 이러하니, 곧 내가 나의 법을 그들의 속에 두며 그 마음에 기록하여 나는 그들의 하나님이 되고 그들은 내 백성이 될 것이라." (렘 31:33)

하나님이 십계명을 주실 때에는 돌판에 써서 주셨습니다. 돌판에는 도둑질하지 말라고 쓰여 있지만, 사람들 마음에서는 도둑질하고 싶은 생각이 일어납니다. 돌판에는 간음하지 말라고 쓰여 있지만, 사람들 마음에서는 간음하고 싶은 생각이 일어납니다. 십계명에 기록된 것과 다르게 이스라엘 백성들의 마음에서는 거짓말하고 싶은 마음이 일어나고, 이웃의 것을 탐내는 마음이 일어났습니다. 돌판에 쓰여 있는 계명보다 자기 마음이 훨씬 가까우니까 사람들이 간음하고 도둑질하고 거짓말하고 탐냈습니다. 그렇게 율법을 어겼습니다.

죄악을 사하고 다시는 그 죄를 기억지 아니하리라
하나님은 이스라엘 백성과 '율법을 다 지키면 복을 주겠다'고 약속하셨지만, 십계명이 새겨진 두 개의 돌판을 어떻게 하라고 말씀하셨습니까? 사람들이 제일 많이 다니는 네거리에 세워두어 사람들이 늘 돌판을 보면서 '살인하지 말아야 해. 간음하지 말아야 해. 도둑질하지 말아야 해'라고 생각하게 하신 것이 아닙니다. 십계명이 새겨진 두 개의 돌판을 법궤 안에 넣어두어 아무도 보지 못하게 하셨습니다.

정말 재미있는 사실은, 십계명 돌판이 들어 있는 법궤의 덮개를 속죄소라고 했습니다. 영어로는 '시은좌(mercy seat), 은혜의 자리'라고 합니다. 속죄소로 율법을 덮어놓고 그곳에서 하나님이 우리에게 은혜를 베푸십니다. 속죄소 위에는 두 천사가 날개로 속죄소를 덮었으며, 거기에 죄를 속하는 피를 뿌렸습니다. 그 위를 향연으로 덮었습니다. 죄가 있으면 그 삯인 사망을 당해야 하는데, 피를 뿌려 사망을 지불했으니 더이상 죄에 대해 이야기할 이유가 없어졌습니다. 죄의 값을 다 치렀으니, 법궤의 뚜껑을 열고 율법이 나타나서 사람들에게 이야기해야 할 이유가 사라졌습니다.

이제 하나님은 새 언약을 세우겠다고 하셨습니다. 하나님의 법을 우리 속에 두며 마음에 기록한다고 하셨습니다.

"나 여호와가 말하노라. 그러나 그날 후에 내가 이스라엘 집에 세울 언약은 이러하니, 곧 내가 나의 법을 그들의 속에 두며 그 마음에 기록하여…."(렘 31:33)

이어서 말씀하셨습니다.

"그들이 다시는 각기 이웃과 형제를 가리켜 이르기를 '너는 여호와를 알라' 하지 아니하리니 이는 작은 자로부터 큰 자까지 다 나를 앎이니라. 내가 그들의 죄악을 사하고 다시는 그 죄를 기억지 아니하리라. 여호와의 말이니라."(렘 31:34)

하나님은 우리 마음에 새 법을 기록하십니다. 그 내용이 무엇입니까? **"내가 그들의 죄악을 사하고 다시는 그 죄를 기억지 아니하리라."** 입니다. 하나님은 우리 마음에서 '살인하지 말라, 간음하지 말라, 도둑질하지 말라, 거짓 증거하지 말라, 탐내지 말라'는 법을 지우고, 우리 죄를 사하고 다시는 그 죄를 기억하지 않는다는 법을 세우십니다.

예수님은 새 법으로 간음한 여자를 심판하셨다

하나님은 돌판에 새긴 십계명이 아닌, 우리 마음에 새 법을 기록하십니다.

"내가 그들의 죄악을 사하고 다시는 그 죄를 기억지 아니하리라."

어느 날, 하나님께서 내 마음에도 이 법을 기록하셨습니다. 이 언약을 기록하시려고 하나님께서 저에게 일하셨습니다. 돌판에 새거진 십계명은 하나님이 손가락으로 기록했는데, 우리 마음 안에는 어떻게 기록하십니까? 우리가 이 말씀을 받아들일 때 기록됩니다.

하나님께서 우리 죄를 사하시는 것도 중요하지만 우리 마음에 죄가 사해졌다고 기록하시는 것도 중요합니다. 하나님께서 당신의 아들 예수 그리스도를 십자가에 못박혀 죽게 하심으로 우리 죄를 씻으셨습니다. 그리고 그 사실을 우리 마음에 기록하십니다. 성경은 창세기부터 요한계시록까지 우리 마음에 새 법을 기록하기 위한 이야기들입니다. 성경 66권에서 하나님이 이루시고자 하는 목적은 단 하나입니다. 우리 마음에 새 법을 기록하시는 것입니다.

저는 어느 날 요한복음 8장에서 간음하다 잡힌 여자의 이야기를 읽었습니다. 서기관들과 바리새인들이 그 여자를 끌고 예수님께로 와서 물었습니다.

"선생이여, 이 여자가 간음하다가 현장에서 잡혔나이다. 모세는 율법에 이러한 여자를 돌로 치라 명하였거니와 선생은 어떻게 말하겠나이까?"

요한복음 8장에는 두 개의 법이 등장합니다. 하나는 모세의 율법입니다. 바리새인들과 서기관들은 율법을 가지고 여자를 재판했습니다. 율법에는 그 여자를 돌로 치라고 되어 있습니다. 간음하다 잡힌 여자를 율법으로 심판하면 죽어야 합니다. 율법으로는 여자를 구원할 수 없습니다. 여자를 구원하려면 법을 바꾸어야 합니다. 그때 예수님이 손가락으로 땅에 글씨를 쓰셨습니다. 예수님이 왜 글씨를 쓰셨습니까?

성경에는 하나님이 글씨를 쓰신 것이 두 번 나옵니다. 어떤 사람은 다니엘 성경에 나오는 "메네 메네 데겔 우바르신"이라는 말을 하나님이 쓰셨다고 생각하는데, 다니엘서를 보면 사람의 손가락이 나타나서 벽에 글을 썼다고 했습니다. 하나님이 쓰신 것은, 첫 번째로 십계명을 하나님이 돌판에 쓰셨다고 했습니다. 두 번째로, 예수님이 손가락으로 땅에 글씨를 쓰셨습니다. 새 언약을 세우신 것입니다.

"나 여호와가 말하노라. 보라, 날이 이르리니 내가 이스라엘 집과 유다 집에 새 언약을 세우리라."(렘 31:31)

날이 이르러, 예수님이 손가락으로 땅에 새 법을 쓰셨습니다. 땅은 흙을 말하고, 인간을 가리킵니다. 예수님이 우리 마음판에 새 법을 기록하신 것입니다.

"내가 그들의 죄악을 사하고 다시는 그 죄를 기억지 아니하리라."

예수님은 이 법으로 간음한 여자를 심판하셨습니다. 예수님이 여자에게 뭐라고 말씀하셨습니까? "나도 너를 정죄하지 아니하노니 가서 다시는 죄를 범치 말라." 하셨습니다. 예수님은 여자를 정죄하지 않는다고 하셨습니다. 하나님은 이 여자의 마음에 새 법을 기록하시고 싶었습니다. "내가 너를 정죄하지 않아. 내가 네 죄를 사했어. 넌 깨끗해졌어."

율법이 필요한 것이 아니라 마음에 새 법이 기록되어야 한다

여러분이 간음하지 않고 도둑질하지 않고 거짓말하지 않았을지 모릅니다. 물론 그런 죄를 지은 사람도 있을 것입니다. 예수님은 여러분이 지은 죄를 짊어지고 십자가에 못박혀 "다 이루었다!" 하고 세상을 떠나셨습니다. 십자가에서 우리 죄가 눈처럼 희게 씻어졌습니다.

성경에 기록된 모든 내용은, 우리 마음에 '십자가에서 네 죄가 씻어졌어, 네 죄의 형벌이 끝났어'라는 내용을 기록하기 위한 것입니다. 저는 이 사실을 모르고, 교회에 다니면서도 늘 내가 내 죄를 해결해야 한다고 생각했습니다. 죄를 짓지 않으려고 애썼고, 죄를 씻으려고 애썼습니다. 그 후 성경을 계속 읽었습니다. 그리고 어느 날 '아, 내가 성경을 잘못 알고 있었구나. 죄를 씻는 일은 내가 하는 것이 아니구나. 내가 죄를 씻을 수 없어서 예수님이 대신 씻어 주셨구나' 하는 사실을 알았습니다.

죄 사함을 받는 것은 우리가 잘해야 하는 것이 아닙니다. 예수님에 의해 이루어집니다. 성경을 보면, 예수님이 우리 죄를 온전히 깨끗하게 하신 사실을 발견할 수 있습니다. '내 죄에 대한 심판이 십자가에서 끝이 났구나. 내 죄가 씻어졌구나. 십자가에서 예수님이 죽으신 것은 곧 나의 죽음이구나.' 제가 이 사실을 알고 난 뒤 마음에 새 법이 기록되었습니다. **"내가 그들의 죄악을 사하고 다시는 그 죄를 기억지 아니하리라."** 하나님이 내 마음에도 그렇게 기록하셨습니다.

물론 그 뒤로 제가 실수할 때도 있고 악을 행할 때도 있었습니다. 그러나 내 마음에 새 법이 견고하게 서 있기 때문에 '이 죄도 십자가에서 씻어졌어' 하고 죄에서 벗어날 수 있었습니다. 제가 이런 이야기를 하면 어떤 사람은 "그럼 죄를 막 지어도 되겠네요?"라고 말합니다. 그렇지 않습니다. 우리 마음에 기록된 새 법이 죄를 이기고 하나님께 가까이 나아가게 합니다. 저는 구원받은 뒤 삶이 이전과는 비교할 수 없을 정도로 밝고 깨끗해졌습니다. 내가 그렇게 살려고 한 것이 아니라, 내 안에서 성령이 그렇게 이끌어 주시는 것을 느낄 수 있었습니다.

우리에게는 율법이 필요한 것이 아닙니다. 마음에 새 법이 기록되어야 합니다.

"내가 그들의 죄악을 사하고 다시는 그 죄를 기억지 아니하리라."

73강

저희와 세울 언약이 이것이라

"그때에 바리새인과 서기관들이 예루살렘으로부터 예수께 나아와 가로되, 당신의 제자들이 어찌하여 장로들의 유전을 범하나이까? 떡 먹을 때에 손을 씻지 아니하나이다. 대답하여 가라사대, 너희는 어찌하여 너희 유전으로 하나님의 계명을 범하느뇨?"(마 15:1~3)

먼저 율법을 주셨고, 이어서 새 언약을 세우셨다

유대인들은 장로들이 세운 유전을 지켰습니다. 그러나 교회 안에서는 하나님이 주신 법 외에 다른 법을 세워야 할 필요가 없습니다. 하나님은 우리에게 먼저 율법을 주셨고, 이어서 새 언약을 세우셨습니다.

 이스라엘 백성이 애굽에서 나와 시내산에 이르렀을 때 하나님이 모세를 시내산으로 부르셨습니다. 모세가 시내산 꼭대기에서 40일을 머물렀습니다. 하나님이 시내산에서 모세에게 십계명이 새겨진 두 개의 돌판을 주셨습니다. 모세는 십계명이 새겨진 돌판을 가지고 이스라엘 진으로 가면 무슨 일이 일어나는지 몰랐습니다.

이스라엘 백성이 애굽에서 나온 뒤 그들에게는 아무 법도 없었습니다. 하나님이 율법을 주시기 전에 이스라엘 백성에게 말씀하셨습니다.

"… 너희가 내 말을 잘 듣고 내 언약을 지키면 너희는 열국 중에서 내 소유가 되겠고 너희가 내게 대하여 제사장 나라가 되며 거룩한 백성이 되리라. 너는 이 말을 이스라엘 자손에게 고할지니라."(출 19:5~6)

이스라엘 백성이 모세를 통해 이 이야기를 듣고 말했습니다.

"백성이 일제히 응답하여 가로되, 여호와의 명하신 대로 우리가 다 행하리이다…"(출 19:8)

두 손에는 돌판을 들고, 가슴에는 성전을 담아서

하나님이 율법을 주실 때 인간이 잘 지킬 것을 기대하고 주신 것이 아닙니다. 율법 가운데 하나라도 어기면 저주를 받아야 하는데, 모든 율법을 온전히 지킬 수 있는 사람은 없기 때문입니다. 율법을 지키며 산다고 큰소리치는 사람이 있지만, 율법을 거의 지키다가 하나를 어기면 다 어긴 것이나 마찬가지입니다. 그렇기 때문에 율법을 지키려고 하면 저주가 있을 뿐입니다.

하나님이 모세에게 십계명이 새겨진 두 개의 돌판을 주시고 시내산에서 그냥 내려가게 하시지 않았습니다. 모세가 시내산에서 40일을 머무는 동안 하나님은 하늘나라에 있는 성전을 계시로 모세에게 자세히 보여 주셨습니다.

"이곳은 번제단이다. 제단은 조각목으로 만든 뒤 금으로 씌워라. 이것은 물두멍이다. 이것은 떡상이다. 이것은 등대다. 등대는 정금한 달란트를 쳐서 만들어라. 이것은 향단이다. 이것은 법궤다…."

하나님이 모세에게 성전을 자세히 보여 주신 뒤, 산에서 내려가거든 본 대로 성전을 만들라고 하셨습니다.

모세가 시내산에서 내려올 때 두 손에는 십계명이 새겨진 두 개의 돌판을 들고, 가슴에는 성전을 담아서 왔습니다. 그때 이스라엘 백성들은 금송아지를 만들어 그것이 자신들을 인도한 신이라고 하며 먹고 마시며 뛰놀고 있었습니다. 십계명이 내려오던 날, '나 외에 다른 신을 두지 말라'는 1계명과 '너를 위해 우상을 만들지 말라'는 2계명을 어긴 것입니다.

법이 없으면 죄를 죄로 여기지 않습니다. 죄를 만드는 것은 법입니다. 그때까지 이스라엘 백성이 무엇을 해도 문제가 안 되었지만 십계명이 내려오면서 죄가 만들어졌습니다. 십계명이 내려오던 날 이스라엘 백성이 죄 때문에 3천 명이 죽었습니다.

죄를 씻는 길이 필요했습니다. 모세가 이스라엘 백성들에게 이야기해 필요한 재료들을 모으고, 오홀리압과 브살렐을 시켜서 하늘나라 성전을 본떠 성막을 만들었습니다. 출애굽기는 성막이 다 만들어진 것으로 끝이 납니다. 성막이 완성되었을 때 모세가 '이제 됐어! 죄를 씻을 수 있어' 하고 쉴 수 있었습니다.

온 인류의 죄를 씻기 위한 양

출애굽기에 이어 레위기에는 번제, 소제, 화목제, 속죄제 등 제사를 드리는 이야기가 나옵니다.

이스라엘 백성이 잘못이 있으면 흠 없는 양이나 염소를 끌고 성막으로 왔습니다. 그 속죄 제물의 머리에 안수한 뒤 죽였습니다. 안수하는 이유는 죄를 넘기기 위함입니다.

"아론은 두 손으로 산 염소의 머리에 안수하여 이스라엘 자손의 모든 불의와 그 범한 모든 죄를 고하고, 그 죄를 염소의 머리에 두어…"(레 16:21)

마태복음 3장에서 예수님이 세례 요한에게 세례를 받으셨습니다. 요한이 예수님에게 세례를 베풀면서 머리에 안수했습니다. 인류의 죄를 예수님께 넘긴 것입니다. 세례 요한이 그것을 증거했습니다.

"이튿날 요한이 예수께서 자기에게 나아오심을 보고 가로되, 보라 세상 죄를 지고 가는 하나님의 어린 양이로다."(요 1:29)

예수님이 세상의 모든 죄를 짊어지셨다고 했습니다.

아벨은 자기를 위해 양을 잡았습니다. 유월절에는 한 가족을 위해 양 한 마리가 필요했습니다. 이스라엘 백성을 위한 속죄제사를 드릴 때에는 온 회중을 위하여 한 마리의 양이 필요했습니다. 예수님은 하나님이 준비하신, 온 인류의 죄를 씻기 위한 양이었습니다.

구약 시대에 양을 잡아서 죄를 씻는 제사를 드렸던 것은 다 예수 그리스도를 소개하기 위한 그림자였습니다. 예수님이 속죄양이 되어 세상 죄를 짊어지고 십자가에 못박히셨습니다. 예수님의 죽음으로 인류의 모든 죄가 씻어졌습니다.

영원한 속죄는, 시간이 흐르지 않는 곳에서 속죄제사를 드려야

모세가 하늘나라에 있는 성전을 보고 이 땅에 성막을 지었습니다. 하늘나라에도 성전이 있고, 이 땅에도 성전이 있었습니다. 땅에 있는 성전에서 수많은 속죄제사가 드려졌습니다. 이스라엘 백성이 양을 끌고 와서 머리에 안수하고 죽인 뒤 피를 제단 뿔에 바르고 나머지는 단 밑에 쏟았습니다.

우리가 사는 곳은 시간계時間界로, 시간이 흐릅니다. 현재가 조금 지나면 과거가 됩니다. 냇물에 종이배를 띄우면 물을 따라 흘러가듯이 모든 것이 흐르는 시간을 따라 흘러갑니다. 시간계에는 과거가 있고, 현재가 있고, 미래가 있습니다. 하늘나라는 영원한 세계입니다. 그곳은 시간이 흐르지 않습니다. 과거도 미래도 없고 현재만 존재합니다.

이 땅에서 드린 속죄제사는 영원한 것이 아닙니다. 속죄제사를 드려서 지은 죄를 씻지만, 시간이 흐르면 그것이 과거가 되기 때문에 현재 짓는 죄를 씻어주지는 못합니다. 우리 생각은 과거로 돌아가서 회상에 잠길 수 있지만, 과거가 현재로 돌아올 수는 없습니다. 그에 반해 하늘나라는 영원계永遠界여서, 하늘나라에서 드린 속죄제사는 영원히 그대로 존재합니다.

예수님은 이 땅에서 십자가에 못박혀 죽으셨습니다. 당신의 몸을 인류의 죄를 씻는 속죄 제물로 드리셨습니다. 그런데 예수님이 흘리신 피를 이 땅에 있는 성전에 뿌리신 것이 아닙니다. 하늘나라에 있는 성전과 이 땅에 있는 성전, 두 개의 성전 가운데 어느 곳에 예수님의 피가 뿌려졌는지는 아주 중요합니다. 이 땅에 있는 성전에 뿌려졌다면 시간이 흐르면서 그 일이 과거가 되기 때문에 이후 사람들이 짓는 죄를 씻을 수 없습니다. 하늘나라 성전에 뿌려졌다면, 그 속죄는 영원합니다.

만일 예수님이 이 땅에 있는 성전에 당신의 피를 뿌린다면 천 번, 만 번을 죽어도 인간의 죄를 다 씻을 수 없습니다. 성경은 뭐라고 이야기합니까?

"그리스도께서 장래 좋은 일의 대제사장으로 오사 손으로 짓지 아니한, 곧 이 창조에 속하지 아니한 더 크고 온전한 장막으로 말미암아"(히 9:11)

여기 '손으로 짓지 않은, 더 크고 온전한 장막'이 나옵니다. 손으로 지은 장막은 모세가 지은 성막을 말합니다. 모세는 하늘나라에 있는 성전을 본떠 이 땅에 성전을 지었습니다. 그것을 천막으로 지었기에 성막이라고 불렀습니다. 하늘나라에 있는 성전은 인간의 손으로 지은 것이 아닌 크고 온전한 장막입니다. 예수님은 속죄제사를 드릴 때 이 땅에 있는 성전에서 드린 것이 아니라 하늘나라에 있는 성전에서 드리셨습니다.

"염소와 송아지의 피로 아니하고 오직 자기 피로 영원한 속죄를 이루사 단번에 성소에 들어가셨느니라."(히 9:12)

히브리서 9장은 하늘나라 성전에 이어 제물에 관해 이야기합니다. 이 땅에서는 양이나 염소나 송아지를 죽여 그 피로 속죄제사를 드렸습니다. 하늘나라 성전에서는 그런 것의 피가 아니라 오직 예수님의 피로 속죄제사를 드립니다.

예수님이 하늘나라 성전에서 당신의 피로 속죄제사를 드려 영원한 속죄를 이루셨습니다. 이 땅에서는 절대로 영원한 속죄가 이루어질 수 없습니다. 이 땅은 시간계여서 시간이 흐르면 모든 것이 과거로 흘러가기 때문입니다.

어떤 물건을 만들면 생산지가 표시됩니다. 텔레비전을 한국에서 만들면 '메이드 인 코리아(MADE IN KOREA)'입니다. 미국에서 만들면 '메이드 인 유에스에이(MADE IN USA)이고, 일본에서 만들면 '메이드 인 재팬(MADE IN JAPAN)'입니다. 이 땅에서 속죄제사를 드리면 그것은 '메이드 인 시간계'입니다. 그것으로는 절대로 영원한 속죄를 이룰 수 없습니다. 영원한 속죄를 이루려면 시간이 흐르지 않는 영원계에서 속죄제사를 드려야 합니다.

예수님이 십자가에 못박혀 죽으신 뒤 그 피를 이 땅에 있는 성전에 뿌리시지 않았습니다. 영원한 하늘나라에 있는 성전에 뿌려 영원한 속죄를 이루셨습니다.

거룩하게 된 자들을 영원히 온전케 하셨다

히브리서 10장에서는 이에 관해 더욱 분명하게 이야기합니다.

"이 뜻을 좇아 예수 그리스도의 몸을 단번에 드리심으로 말미암아 우리가 거룩함을 얻었노라."(히 10:10)

예수님은 당신의 몸을 여러 번 제물로 드리시는 것이 아니라, 단 한 번 드리십니다. 단번에 우리를 거룩하게 하셨습니다. 영원한 하늘나라 성전에서 영원한 속죄를 이루셨기 때문입니다.

"제사장마다 매일 서서 섬기며 자주 같은 제사를 드리되 이 제사는 언제든지 죄를 없게 하지 못하거니와"(히 10:11)

이 땅에 있는 성전에서는 제사장들이 매일 서서 섬기며 같은 제사를 자주 드렸습니다. 그 제사는 죄를 언제나 없게 하지는 못하기 때문입니다. 지은 죄를 씻어도 시간이 흐르면 과거가 되기 때문에, 다시 죄를 지으면 과거에 드린 속죄제사가 그 죄를 씻지는 못했습니다. 그래서 매일 제사를 드릴 수밖에 없었습니다. 속죄제사를 드려서 죄를 씻고, 또 죄를 짓고, 다시 속죄제사를 드려서 죄를 씻고, 또 죄를 짓고…. 이 일이 끝없이 반복되었습니다. 그러다 보니 제단 밑에 쏟은 피가 강물처럼 흐르고, 번제단에서 속죄 제물을 태운 연기가 구름처럼 올라갔다고 했습니다.

"오직 그리스도는 죄를 위하여 한 영원한 제사를 드리시고 하나님 우편에 앉으사"(히 10:12)

예수님은 이 땅에 있는 성전이 아닌 하늘나라 성전에서 영원한 제사를 드리셨습니다. 예수님이 드린 속죄제사는 효력이 영원해서 이 땅에 있는 제사장들처럼 매일 서서 섬겨야 할 필요가 없기 때문에, 예수님은 하나님 우편에 앉으셨다고 했습니다.

"그 후에 자기 원수들로 자기 발등상이 되게 하실 때까지 기다리시나니"(히 10:13)

예수님은 인간의 죄를 씻기 위해 더이상 일하시지 않고 하나님 우편에 앉아서 심판 때까지 기다리고 계십니다.

"저가 한 제물로 거룩하게 된 자들을 영원히 온전케 하셨느니라." (히 10:14)

정말 놀라운 이야기입니다. 예수님의 죽음이 우리를 거룩하게 했고, 영원히 온전케 했습니다. 우리가 앞으로 어떻게 살지 모르는데 어떻게 영원히 온전하게 될 수 있습니까? 영원한 속죄만이 우리를 영원히 온전케 할 수 있습니다.

"또한 성령이 우리에게 증거하시되, 주께서 가라사대 '그날 후로는 저희와 세울 언약이 이것이라' 하시고 '내 법을 저희 마음에 두고 저희 생각에 기록하리라' 하신 후에 또 '저희 죄와 저희 불법을 내가 다시 기억지 아니하리라' 하셨으니, 이것을 사하셨은즉 다시 죄를 위하여 제사드릴 것이 없느니라."(히 10:15~18)

한없이 아름다운 말씀입니다. 하나님이 우리에게 새 언약을 세우셨습니다. 하나님의 법을 우리 마음에 두고 우리 생각에 기록하리라고 하시고, "너희 죄와 너희 불법을 내가 다시 기억지 아니하리라." 하셨습니다. 인간의 죄가 영원히 씻어져서 더이상 죄를 위하여 제사드릴 것이 없습니다.

우리가 하나님을 찬양하지 않을 수 없고, 예수님께 감사하지 않을 수 없습니다. 내 마음에도 '네 죄를 씻고 다시 기억하지 않는다'는 하나님의 약속이 분명히 기록되어 있습니다. 예수님이 손가락으로 땅에 글씨를 쓰신 것처럼 하나님이 내 마음에 새 언약을 쓰셨습니다. 누구든지 이 놀라운 사실을 깨달으면 그 마음에 새 언약이 새겨집니다.

"… 내가 그들의 죄악을 사하고 다시는 그 죄를 기억지 아니하리라. 여호와의 말이니라."(렘 31:34)

74강

이미 사흘이매 먹을 것이 없도다

"예수께서 제자들을 불러 가라사대, 내가 무리를 불쌍히 여기노라. 저희가 나와 함께 있은 지 이미 사흘이매 먹을 것이 없도다. 길에서 기진할까 하여 굶겨 보내지 못하겠노라."(마 15:32)

기도해도 왜 하나님이 음식을 안 주시지?

제가 복음을 전하기 시작하면서 한때 마음이 굉장히 어려웠던 적이 있습니다. 제가 선교학교에서 훈련을 받고 '압곡동'이라는 곳에서 지내면서 양식이 없어서 많이 굶었습니다. 굶는 것은 견디기 어렵다고 하지 않습니까? 며칠 굶으면 얼마나 간절히 기도했겠습니까? 간절히 기도했는데 하나님이 먹을 것을 안 주시는 겁니다. 그러니까 먹을

것이 없어서 굶는 것보다 더 어려웠습니다. '기도해도 왜 하나님이 음식을 안 주시지?'

생각이 어두운 쪽으로 흘러갔습니다. '내가 충성스럽게 일하지 못해서 하나님이 나를 버리셨구나.' 배가 고픈 것보다 더 어려운 것이, 하나님이 나를 버리신 것 같다는 생각이었습니다. 사탄은 저에게만 찾아오는 것이 아니라 모든 사람을 찾아다니는 모양입니다. 제가 이런 이야기를 하면 "목사님, 저도 그런 생각이 들었어요." 하는 사람이 많았습니다. 사탄은 별 문제 안 되는 것도 어떻게든 문제를 삼아서 '하나님이 너를 돕지 않으실 거야, 너를 사랑하시지 않아'라는 생각을 일으킵니다.

안 그래도 굶어서 배가 고프고 힘이 없는데 '하나님이 나를 버리셨구나'라는 생각이 드니 힘이 하나도 없었습니다. 그런 생각이 들면 주님 앞에서 잘못한 일들이 떠오릅니다. '요즘 기도를 잘 안 했잖아. 게으르게 지냈잖아….' 내가 잘못한 일들 때문에 하나님이 나를 버리셨고, 그래서 기도해도 하나님이 듣지 않으신다는 생각이 마음을 가득 채웠습니다.

내가 굶고 있는 것을 예수님이 알고 계시구나

힘을 잃고 지내다가, 오늘 이야기할 내용이 떠올랐습니다. 마태복음 15장 32절에 나오는 내용이 마가복음 8장에도 나옵니다. 그때 저는 마가복음 8장을 펴서 읽었습니다. 제가 성경 말씀을 보고 깜짝 놀랐습니다.

"내가 무리를 불쌍히 여기노라. 저희가 나와 함께 있은 지 이미 사

흩이매 먹을 것이 없도다. 만일 내가 저희를 굶겨 집으로 보내면 길에서 기진하리라. 그 중에는 멀리서 온 사람도 있느니라."(막 8:2~3)

마태복음 15장에서도 똑같이 이야기하고 있습니다. 여기 보면, 무리가 예수님과 함께 있은 지 사흘이 되어 먹을 것이 없다고 하며 굶겨 보내면 길에서 기진할 것이라고 했습니다. 예수님과 같이 있어도 사람들이 먹을 것이 없어서 굶었다는 이야기를 읽고 마음에 힘이 났습니다.

'아, 내가 음식을 달라고 기도했는데 하나님이 안 주신 것이 내가 잘못해서 그런 것이 아니구나. 예수님과 같이 있던 사람들도 굶었는데, 하나님이 나를 버리고 떠나셔서 내가 어려움을 당하는 것이 아니구나.'

사람들이 배고픈 것을 예수님은 정확히 알고 계셨고, 그냥 돌려보내면 길에서 기진할 것도 알고 계셨으며, 개중에는 멀리서 온 사람도 있다는 사실도 알고 계셨습니다. 그래서 예수님은 그냥 돌려보내지 못하겠다고 하셨습니다. 제 마음에 소망이 일어났습니다.

'내가 굶고 있는 것을 예수님이 알고 계시는구나. 내가 힘이 없는 것을 아시고, 그냥 두면 기진할 것도 아시는구나.'

내 상태를 너무나 자세히 알고 계시는 예수님이 보였습니다.

'내가 지금 배가 고프지만 예수님이 알고 계시면 그냥 놔두시지 않겠다. 나에게 배고픔이 필요하기에 다 아시면서도 잠시 두시는 것이구나.'

마음이 거기 이르자 아무것도 문제가 되지 않았습니다.

제가 복음을 전한다고 사람들에게 욕을 먹고 사람들이 거짓말로 나를 비방한다면, 필요하니까 예수님이 당하게 하시는 것이지 그 모든 것을 이길 힘을 예수님이 주시지 않겠습니까? 하나님이 나를 크게 하시면 코끼리보다 크게 하시는 것이 문제가 되겠습니까? 하나님이 나를 강하게 하시면 사자보다 강하게 하시는 것이 문제가 되겠습니까? 하나님께는 아무것도 문제가 되지 않습니다.

우리 마음을 낮추시려고 종종 굶게도 하시고…
그날 이후로 굶어도 마음에서 아무 문제가 되지 않았습니다. '내가 조금 굶어야 할 필요가 있기 때문에 하나님이 이렇게 하시는 거야.' 복음을 전하며 살다 보면 굶을 때도 있고, 핍박을 당할 때도 있고, 비난을 받을 때도 있고, 어려움을 겪을 때도 있습니다. 그 모든 것은 예수님이 필요해서 주시는 것이기에 때가 되면 모든 것이 아름답게 됩니다. 기쁘고 감사한 일로 변합니다.

실제로 저를 보면, 모든 일이 잘되고 아름답게 진행되면 마음이 들뜨고 교만해집니다. 그런데 어려움을 당하면 마음이 겸비해집니다. 요한복음 5장에 나오는 38년 된 병자를 보면, 아주 오랫동안 병으로 고생했기 때문에 그 마음이 정말 낮아져 있었습니다. 예수님이 하신 "일어나 네 자리를 들고 걸어가라."라는 말씀이 보통 사람이 들으면 말이 안 되는 소리인데, 이 사람은 그 말씀을 마음에 그대로 받아들였습니다. 38년 동안 병을 앓으며 누워만 있던 사람이 일어나서 자리를 들고 걸어갔습니다.

열왕기하 5장에 나오는 나아만 장군 같은 경우는, 자신이 잘나고 높은 사람이라고 여기니까 엘리사 선지자가 사환을 통해서 전한 "요단강에 몸을 일곱 번 씻으라. 네 살이 여전하여 깨끗하리라."라는 이야기가 듣기 싫었습니다. 화를 내며 "내 생각에는, 선지자가 내게로 와서 여호와의 이름을 부르고 내 상처 위에 손을 흔들어 문둥병을 고칠까 하였도다."라고 했습니다. 그가 분한 모양으로 떠나려고 했습니다.

구원받은 성도들도 마음이 각기 다릅니다. 마음이 높은 사람은 작은 일도 자기 마음대로 하길 원합니다. 자신의 마음을 꺾고 하나님의 말씀대로 하려고 하지 않습니다. 반대로 마음이 겸비한 사람은 어려워도 자기 생각대로 살지 않고 말씀을 따라 삽니다.

요즘은 세상이 좋아져서 신앙생활을 하기 굉장히 어려워졌습니다. 옛날 로마에서는 많은 그리스도인들이 콜로세움에서 죽임을 당했습니다. 그들이 숨을 수 있는 유일한 장소가 지하 굴인 카타콤이었습니다. 그들은 햇빛을 보지 못하고 땅굴 속에서 살았습니다. 저도 카타콤에 가보았지만, 정말 침침하고 어두컴컴했습니다. 안내하는 사람이 "절대로 혼자 다니지 마십시오. 혼자 다니다 길을 잃으면 밖으로 나오지 못합니다."라고 했습니다. 관광객 중 자기 마음대로 다니다가 길을 잃어 죽을 뻔한 사람도 있다고 합니다.

로마 시대에는 그리스도인들이 그 속에서 살았습니다. 그들은 복음을 위해 자신의 모든 것을 절제했습니다. 그런데 생활이 좋아지면서 성도들의 마음이 높아져서 작은 것 하나도 자기 마음대로 하려고 합니다. 자신의 마음을 꺾지 못합니다. 우리 마음이 낮아지면 자신을 꺾는 것이 쉽습니다. 그래서 하나님은 우리 마음을 낮추시려고 종종 굶게도 하시고, 핍박을 당하게도 하시고, 어려움을 겪게도 하십니다.

하나님은 우리 인생에 기쁨도 주시고 즐거움도 주시고 행복도 주십니다. 겸하여 때때로 아픔도 주시고 어려움도 주십니다. 어려울 때 당할 마음을 가지고 신앙생활을 하면 정말 행복합니다. 어려움이 조금만 찾아와도 피하려고 하는 사람은 신앙생활을 하기 어렵습니다. 사탄이 늘 우리를 유혹하고 속이기 때문에, 자신이 원하는 대로 살면 잘못되고 어그러질 수밖에 없는 것이 인간입니다.

제가 먹을 것이 없어서 기도하면 하나님이 음식을 주실 때가 있었고, 오래 기도해도 응답하시지 않을 때가 있었습니다. 처음에는 하나님이 내 기도를 듣지 않으시는 것 같아서 마음에 힘을 잃었지만, 성경에서 전혀 그렇지 않다는 사실을 발견한 뒤로는 더이상 낙심하지 않았습니다. 하나님은 얼마든지 필요한 것을 주실 수 있고, 내 마음을 낮출 필요가 있으면 오랫동안 어려움 속에서 지내게 하실 수도 있습니다. 하나님이 나에게 그렇게 일하심이 너무 놀랍고 감사했습니다.

베드로가 본, 십자가를 지고 가는 예수님은 너무 약해서…

요한복음 20장에 보면, 예수님이 부활하신 후 제자들이 있는 곳에 예수님이 나타나셨습니다. 도마는 그 자리에 없었습니다. 나중에 도마가 제자들을 만나 예수님을 보았다는 이야기를 듣고는 말이 안 되는 소리라며 이렇게 말했습니다.

"내가 그 손의 못 자국을 보며, 내 손가락을 그 못 자국에 넣으며, 내 손을 그 옆구리에 넣어 보지 않고는 믿지 아니하겠노라."

며칠 뒤 제자들이 다 같이 있을 때 예수님이 다시 나타나셔서 도마에게 말씀하셨습니다.

"네 손가락을 이리 내밀어 내 손을 보고, 네 손을 내밀어 내 옆구리에 넣어 보라. 그리하고 믿음 없는 자가 되지 말고 믿는 자가 되라."

도마도 예수님이 부활하신 것을 믿었습니다.

예수님의 제자들이 예수님이 부활하신 것을 보았고, 믿었습니다. 그런데 요한복음 21장에 보면 조금 이상한 광경이 펼쳐집니다. 2절에 보면 베드로, 도마, 나다나엘, 요한과 야고보, 다른 두 제자가 함께 있었습니다. 그들이 모여서 무슨 이야기를 나누었는지는 성경에 기록되어 있지 않아서 모르겠습니다. 아마 쓸모 있는 이야기는 하나도 안 한 것 같습니다. 나중에 베드로가 말했습니다.

"나는 물고기를 잡으러 가노라."

그들이 소망스런 이야기를 나누었다면, 베드로가 다시 갈릴리 바다로 물고기를 잡으러 간다는 말을 하지는 않았을 것입니다. 어두운 이야기를 주고받다가 더이상 할 일이 없어서 물고기를 잡으러 간다고 했을 것입니다. 베드로의 말을 듣고 다른 제자들도 함께 가겠다고 했습니다.

일곱 제자가 갈릴리 바다로 갔습니다. 그들이 밤새도록 그물을 내렸지만 물고기를 한 마리도 잡지 못했습니다. 새벽에 예수님이 바닷가에 오셨습니다. 제자들은 예수님인 줄 몰랐습니다. 고기를 잡았느냐고 묻는 예수님께 제자들이 고기가 없다고 하자, 예수님이 그물을 배 오른편에 던지면 물고기를 잡을 것이라고 하셨습니다. 제자들이 그 말대로 오른편에 그물을 던지자 그물을 들어올릴 수 없을 만큼 고기가 많이 잡혔습니다. 이어서 예수님과 베드로가 대화하는 장면이 나옵니다.

한번은 제가 일곱 제자가 모여서 주고받은 이야기들을 생각해 보았습니다. 그때가 언제입니까? 부활하신 예수님을 본 뒤였습니다. 제 생각에는, 제자들이 "예수님이 부활하셨어. 우리가 사람들에게 이 사실을 전해야 해."라고 하는 것이 맞을 것 같았습니다. 그런데 그들 마음에는 힘이 없었습니다.

제가 베드로의 마음을 더듬어 보았습니다. 베드로는 갈릴리 바다에서 예수님을 처음 만났습니다. 그날 밤에도 밤새도록 그물을 던졌지만 물고기를 못 잡았습니다. 날이 새어, 예수님이 베드로의 배에 타셔서 무리에게 말씀을 가르치셨습니다. 그리고 베드로에게 "깊은 데로 가서 그물을 내려 고기를 잡으라." 하셨습니다. 베드로가 예수님의 말씀대로 했을 때 그물이 찢어질 정도로 물고기가 많이 잡혔습니다. 베드로가 깜짝 놀랐습니다. 예수님의 능력을 처음으로 보았습니다.

그때부터 베드로가 본 예수님은 너무 위대한 분이었습니다. 물로 포도주를 만드시고, 38년 된 병자를 고치시고, 눈먼 소경의 눈을 뜨게 해주시고, 보리떡 다섯 개로 오천 명을 먹이시고, 풍랑 이는 바다 위로 걸어오시고, 그 바다를 잔잔케 하시고…. 예수님이 하시는 일들은 말할 수 없이 놀라운 일들이었습니다. 베드로의 마음에서 예수님이 점점 커졌습니다.

그리고 최후의 만찬 자리에 앉았습니다. 예수님이 제자들에게 너희가 다 나를 버릴 것이라고 하셨습니다. 베드로 마음에 예수님이 너무 컸기 때문에 그럴 리 없다고 생각했습니다. 베드로가 말했습니다.

"다 주를 버릴지라도 나는 언제든지 버리지 않겠나이다."

예수님이 말씀하셨습니다.

"내가 진실로 네게 이르노니, 오늘밤 닭 울기 전에 네가 세 번 나를 부인하리라."

베드로의 마음에서는 절대로 그럴 리 없다고 생각했습니다. 그래서 힘주어 말했습니다.

"내가 주와 함께 죽을지언정 주를 부인하지 않겠나이다."

베드로의 마음에서는 예수님을 부인하는 일은 절대로 없을 것이었습니다.

그날 밤, 베드로는 겟세마네 동산에서 예수님이 잡혀가시는 것을 보았습니다. 베드로가 예수님을 뒤따라가며 너무 놀랐습니다. 지금까지 보아온 예수님의 모습과 너무 다른 모습이었습니다. 무슨 문제든 해결하시고 어떤 일이든 처리하시던 예수님이었는데, 군사들의 손에 힘없이 끌려가셨습니다. 베드로가 십자가를 지고 가는 예수님을 보았습니다. 너무나 약하게 보였습니다. 십자가를 지고 가다 쓰러지고, 채찍을 맞고 일어나 걸어가다가 또 쓰러지고….

베드로는 우리를 죄에서 구원하시려는 하나님의 뜻을 몰랐습니다. 예수님의 연약함만 보였습니다. 말할 수 없이 안타까웠습니다. '바다 위를 걸어오신 분인데, 썩어서 냄새가 나던 나사로를 살리신 분인데, 문둥병자를 고치신 분인데 어떻게 저렇게 약하실까…. 로마 군인 하나 해결하시지 못해 십자가에 못박히시네.' 예수님이 십자가에 못박혀 세상을 떠나셨습니다. 베드로 마음에 크고 위대한 예수님이 계셨는데, 지금 보는 예수님은 너무 약한 예수님이었습니다.

예수님이 부활하신 후에도 베드로의 마음에는 마지막에 보았던

약한 예수님이 자리하고 있었습니다. 그래서 자신을 얼마든지 붙들어 세우실 거라는 마음이 없었습니다. 오늘날도 많은 사람들이 베드로처럼 약한 예수님을 보고 있습니다. '예수님이 이 문제를 해결하시지 못할 거야.' 그러나 베드로가 갈릴리 바닷가에서 다시 예수님을 만났습니다. 예수님이 베드로에게 말씀하셨습니다. "내 양을 먹이라." 그 이야기를 들으면서 베드로의 마음이 다시 강해졌습니다.

하나님이 우리를 돕지 않으시는 것처럼 보일 때가 있지만, 필요해서 허락하시는 일입니다. 우리 마음에서 하나님을 향한 소망이 사라질 때가 있지만, 잘못된 생각입니다. 하나님은 우리를 사랑하시고, 우리를 도우십니다.

75강

개들도 상에서 떨어지는 부스러기를 먹나이다

"예수께서 거기서 나가사 두로와 시돈 지방으로 들어가시니 가나안 여자 하나가 그 지경에서 나와서 소리질러 가로되 '주 다윗의 자손이여, 나를 불쌍히 여기소서. 내 딸이 흉악히 귀신 들렸나이다' 하되 예수는 한 말씀도 대답지 아니하시니, 제자들이 와서 청하여 말하되 '그 여자가 우리 뒤에서 소리를 지르오니 보내소서.' 예수께서 대답하여 가라사대 '나는 이스라엘 집의 잃어버린 양 외에는 다른 데로 보내심을 받지 아니하였노라' 하신대 여자가 와서 예수께 절하며 가로되 '주여, 저를 도우소서.' 대답하여 가라사대 '자녀의 떡을 취하여 개들에게 던짐이 마땅치 아니하니라.' 여자가 가로되 '주여, 옳소이다마는 개들도 제 주인의 상에서 떨어지는 부스러기를 먹나이다' 하니 이에 예수께서 대답하여 가라사대 '여자야, 네 믿음이 크도다.

네 소원대로 되리라' 하시니 그 시로부터 그의 딸이 나으니라."(마 15:21~28)

두 이야기가 대비를 잘 이루고 있는 마태복음 15장

마태복음 15장에는 두 부류의 사람이 등장합니다. 처음에는 바리새인들과 서기관들이 예수님께 나아와 '당신의 제자들이 왜 장로들의 유전을 지키지 않느냐?'고 따집니다. 이어서 가나안 여자가 예수님 앞에 옵니다. 이 여자는 자기 딸이 흉악한 귀신에 들려 예수님께 은혜를 입기 위해 나왔습니다. 그런데 이 여자는 가나안 여자로, 이스라엘 사람이 아닌 이방인이었습니다.

예수님은 은혜를 구하는 여자에게 아무 말씀도 하시지 않았습니다. 그때 제자들이 "여자가 우리 뒤에서 소리를 지르오니 보내소서." 하자, 예수님이 "나는 이스라엘 집의 잃어버린 양 외에는 다른 데로 보내심을 받지 아니하였노라."라고 말씀하셨습니다. 그러자 여자가 예수님 가까이 와서 절하며 "주여, 저를 도우소서."라고 간구했습니다. 예수님이 말씀하셨습니다.

"자녀의 떡을 취하여 개들에게 던짐이 마땅치 아니하니라."

당시 유대인들은 이방인들을 개처럼 취급했기 때문에 그렇게 말씀하셨습니다. 그러자 여자가 말했습니다.

"주여, 옳소이다마는 개들도 제 주인의 상에서 떨어지는 부스러기를 먹나이다."

개들도 주인의 상에서 떨어지는 부스러기를 먹으니, 자신은 개 같은 존재이지만 주인이신 예수님께서 은혜를 베풀어 달라고 간구했습니다.

예수님의 제자들을 비판한 바리새인들과 서기관들, 은혜를 입기 원했던 가나안 여인, 마태복음 15장은 두 이야기가 대비를 잘 이루고 있습니다. 이와 비슷한 이야기로 누가복음 18장에 바리새인과 세리의 기도가 나옵니다. 바리새인은 따로 서서 이렇게 기도했습니다.

"하나님이여, 나는 다른 사람들 곧 토색, 불의, 간음을 하는 자들과 같지 아니하고, 이 세리와도 같지 아니함을 감사하나이다. 나는 이레에 두 번씩 금식하고, 또 소득의 십일조를 드리나이다."

세리는 멀리 서서 눈을 들어 하늘을 우러러보지도 못하고, 다만 가슴을 치며 기도했습니다.

"하나님이여, 불쌍히 여기옵소서. 나는 죄인이로소이다."

예수님이 뭐라고 말씀하셨느냐면, 세리가 바리새인보다 의롭다 하심을 받고 돌아갔다고 하셨습니다. 바리새인은 하나님 앞에 나올 때 자기 의가 있었습니다. 이런저런 죄를 짓지 않고, 금식하며 십일조를 드린다고 했습니다. 자신이 잘한 것이 많았습니다. 그에 반하여 세리는 잘한 것이 아무것도 없기 때문에 하나님의 은혜를 입을 수밖에 없었습니다.

예수님 당시에 바리새인, 서기관, 율법사, 이런 사람들이 예수님의 은혜를 입었습니까? 그렇지 않습니다. 그들은 한결같이 예수님을 판단하고, 비난하고, 대적했습니다. 그렇다면 누가 예수님 앞에 와서 은혜를 입었습니까? 간음하다 잡힌 여자, 세리 삭개오, 눈먼 소경, 38년 된 병자, 이런 사람들이었습니다. 간음하다 잡힌 여자가 선을 행했습니까? 아닙니다. 38년 된 병자가 무엇을 잘했겠습니까? 아무것도 할 수 없었습니다. 예수님의 은혜를 입은 사람들은 선한 것이 없는 사람, 아무것도 할 수 없는 사람들이었습니다.

가나안 여자는 예수님의 은혜를 입어야 했다

'은혜'라는 말은 값을 받지 않고 공짜로 준다는 의미입니다. 은혜를 입는 사람은 무엇을 열심히 잘하는 사람이 아니고, 성실하게 사는 사람도 아닙니다. 은혜는 연약하고 부족한 사람들이 받습니다. 바리새인들은 예수님께 '당신의 제자들은 왜 먹을 때 손을 씻지 않느냐?'고 따졌습니다. 자신들이 잘하고 있다고 생각하기 때문입니다. 반대로 가나안 여자는 예수님께 은혜를 입고 싶었습니다. 자기 딸이 귀신 들려 고통 속에 있었기 때문입니다.

　가나안 여자는 딸에게서 귀신을 쫓아내고 싶었지만 어느 누구도 그렇게 해주지 못했습니다. 분명히 사랑하는 딸인데, 딸의 마음이 귀신에게 끌려다녀 이상하게 행동했습니다. 여자는 자신이 무얼 해도 딸에게서 귀신을 쫓아낼 수 없다는 사실을 알기에 너무나 슬펐습니다. 예수님의 은혜가 아니면 딸을 구할 수 없었습니다. 그런 사람이 예수님 앞에 나와서 "당신의 제자들은 왜 손을 안 씻고 음식을 먹습니까?"라고 말하겠습니까? 자신이 은혜를 입어야 하기 때문에 감히 그런 생각도 못합니다.

　더욱이 이 사람은 가나안 여자로 이방인이었습니다. 유대인들은 이방인들과 상종하지 않고 함께 음식도 먹지 않았기 때문에, 여자는 자신이 예수님께 도움을 청할 자격이 없다는 사실을 알았습니다. 예수님께 딸을 고쳐 달라고 간구해도 예수님이 거들떠보시지도 않으면 어떻게 해야 합니까? 다만 은혜를 베풀어주시기를 바랄 수밖에 없었습니다.

은혜라는 것이 바로 그런 것입니다. 대가를 지불할 수 있는 사람은 은혜를 입지 않습니다. 많은 사람들이 하나님의 은혜를 입기 원한다고 하면서, 은혜라는 의미를 잘 몰라서 자신이 잘해야 복을 받는 줄 압니다. 열심히 성경 읽고 기도하고 전도하고 선한 일을 행하고, 십일조를 내고 충성하면 하나님의 복을 받을 줄 압니다. 그러나 성경이 우리에게 이야기하는 것은, 하나님이 우리에게 복을 주실 때 은혜로 주기를 원하신다는 것입니다. 우리가 하나님의 복을 받기 위해 어떤 대가를 지불한다면 그것은 은혜가 될 수 없기 때문에, 하나님께서 그 사람에게는 은총을 베풀지 않습니다. 은혜는 아무 대가도 지불하지 않고 받는 것이 은혜입니다.

한국전쟁이 끝난 후 우리나라는 굉장히 가난했습니다. 당시 한국의 GNP가 76달러였습니다. 제가 어렸을 때인데, 사람들이 대부분 무명이나 삼베로 만든 옷을 입었습니다. 털옷이나 털신 같은 것은 상상도 못했습니다. 하루는 아침을 먹고 있는데 밖에서 이상한 소리가 났습니다. '무슨 소리지?' 하고 방문을 열어 보니 아무도 없었습니다. 다시 밥을 먹는데 또 밖에서 이상한 소리가 났습니다. 다시 방문을 열어 보니 제 친구가 바가지를 들고 밥을 얻으러 와 있었습니다.

그 친구 가족이 하루는 종일 밥을 굶었습니다. 다음날도 먹을 것이 없어서 굶어야 했습니다. 친구 엄마가 말했습니다. "이러다 우리가 굶어 죽겠다. 밥을 얻으러 가자. 누가 갈래?" 가족 중 아무도 가려고 하지 않았습니다. 그날도 종일 굶었습니다. 다음날은 배가 너무 고파서 열 살쯤 된 제 친구가 우리 집으로 밥을 얻으러 온 것입니다. 그런데 창피해서 "밥 좀 주세요."라는 말을 하지 못해 "음, 음" 하고 이상한 소리를 냈습니다. 처음에 우리가 방문을 열었을 때에는 부끄러워서 얼른 숨었습니다. 하지만 배가 너무 고파 다시 "음, 음" 하고 소리를 냈습니다. 우리가 다시 방문을 열었을 때에는 미처 숨지 못하고 들켰습니다.

아버지가 그 친구에게 가까이 오라고 하셨습니다. 우리도 먹을 것이 넉넉지 않았지만, 아버지가 잡수시던 밥그릇에서 밥을 한 숟가락 떠서 바가지에 넣어 주셨습니다. 친구가 고맙다고 하며 다른 집으로 갔습니다.

돈이 있거나 집에 먹을 것이 있으면 누가 밥을 얻으러 가겠습니까? 먹을 것이 없어도 견딜 수 있다면 구걸하지 않을 것입니다. 배가 너무 고픈데 그대로 있다가는 굶어 죽을 것 같으니까 밥을 얻으러 가는 것입니다. 그런 사람은 누군가에게 은혜를 입어야 합니다.

가나안 여자는 예수님의 은혜를 입어야 했습니다. 사랑하는 딸이 자기 생각으로 사는 것이 아니라 귀신에게 이끌려 귀신처럼 살았습니다. 여자는 마음이 너무 아팠을 것입니다. 사랑하는 딸을 끌어안고 많이 울었을 것입니다. "너, 왜 그런 짓을 해?" 처음에는 잘 몰라서 딸을 나무랐지만, 아무리 말해도 소용이 없었습니다. 여자는 딸이 귀신에게 조종당하고 있다는 사실을 알았습니다. 딸이 귀신에게 이끌려 하는 행동을 보면서 가슴이 너무 아팠습니다. 하지만 귀신을 어떻게 쫓아내는지 몰랐습니다.

딸에게서 귀신을 쫓아낼 수 있는 힘이 필요했다

요한복음 13장에는 귀신에게 이끌린 다른 사람이 나옵니다.

"마귀가 벌써 시몬의 아들 가룟 유다의 마음에 예수를 팔려는 생각을 넣었더니"(요 13:2)

어느 날, 가룟 유다의 마음에 예수님을 팔려는 생각이 일어났습니다. 그것은 자신의 생각이 아니라 마귀가 넣어준 생각이었습니다. 유다는 예수님을 팔려는 생각이 일어나자 깜짝 놀랐을 것입니다. '내가 왜 이런 생각을 하지? 우리 선생님을 팔다니? 말이 안 되는 소리야.' 그런 생각을 가진 것이 부끄러웠을 것입니다. 유다는 그것이 자기 생각인 줄 알았습니다. 마귀가 넣어준 것인지 전혀 몰랐습니다. 더 놀라운 이야기가 뒤에 나옵니다.

"예수께서 대답하시되 '내가 한 조각을 찍어다가 주는 자가 그니라' 하시고 곧 한 조각을 찍으셔다가 가룟 시몬의 아들 유다를 주시니, 조각을 받은 후 곧 사단이 그 속에 들어간지라. 이에 예수께서 유다에게 이르시되 '네 하는 일을 속히 하라' 하시니"(요 13:26~27)

처음에는 사탄이 가룟 유다의 마음에 예수님을 팔려는 생각을 넣었습니다. 유다가 '내가 왜 이런 생각을 하지?' 하면서도 그 생각을 버리지 않고 마음에 두었습니다. 그 후 사탄이 유다의 마음에 들어갔다고 했습니다.

사탄이 생각을 넣을 때에는 유다에게 자기 의지가 있어서 '내가 예수님을 팔면 안 되지…' 하고 생각할 수 있었습니다. 그 생각을 거부할 수도 있고 받아들일 수도 있었습니다. 유다는 예수님을 팔려는 생각을 버리지 않고 마음에 남겨두었습니다. 그러니까 사탄이 그 속에 들어가버린 것입니다. 이제는 유다가 사탄이 넣어주는 생각을 거부할 수 없었습니다. 예수님을 팔면 안 된다는 것을 알아도 팔지 않을 수 없었습니다.

사탄은 모든 사람의 마음에 악한 생각을 넣습니다. 하나님을 거스르고 불순종하는 생각을 일으킵니다. 사람들이 사탄에게 이끌려서 거짓말하고, 미워하고, 도둑질하고, 간음하고, 살인합니다. 그런데 자신이 한 것이라고 생각하지 사탄이 생각을 넣어주었다는 사실은 모릅니다.

가나안 여자는 딸의 행동을 보면서, 그렇게 하는 것은 딸이 아니라는 사실을 분명히 알았습니다. 몸은 자기 딸이지만 행동은 딸이 아니었습니다. 그것은 귀신으로 말미암은 것이었습니다. 여자가 딸에게 귀신이 들어갔다는 사실을 알았지만 귀신을 쫓아낼 수 있는 길이 없었습니다. 여자는 너무나 안타까워서 예수님을 찾아갔습니다.

우리도 잘못된 데에 빠질 때가 있습니다. 마약을 하거나 도박을 하거나 술을 마시거나 게임을 하는데, 자기 의지로 벗어나지 못할 때가 있습니다. 죄악된 삶에 빠져서 헤어나지 못할 때가 있습니다. 자세히 보면, 자신이 하는 것이 아니라 사탄이 잡고 이끌어가는 것을 느낄 수 있습니다. 게임 중독에 빠진 아이들이 '이제 게임 그만해야겠다!'라고 생각하지만 안 됩니다. 어떤 힘에 끌려가고 있기 때문입니다.

가나안 여자는 자기 딸이 귀신에게 끌려가고 있는 것을 알았습니다. 딸에게서 귀신을 쫓아내지 않으면 딸이 여전히 그렇게 살 수밖에 없다는 사실을 알았습니다. 딸에게서 귀신을 쫓아낼 수 있는 힘이 필요했습니다. 그 힘을 가진 분은 예수님밖에 없어서 여자는 예수님을 찾아갔습니다.

우리가 '내가 죄를 짓지 않으려고 하는데 왜 자꾸 죄를 짓게 되지?' 하며 죄를 짓지 않으려고 노력해야 하는 것이 아닙니다. 사탄이 그런 생각을 넣어주기 때문입니다. 사람들이 사탄이 넣어준 생각에 이끌려 거짓말을 하고, 다른 사람을 미워하고, 악을 행하며 더러운 삶을 삽니다. 그런 일을 하지 않으려고 애써야 하는 것이 아니라, 그런 생각을 쫓아낼 수 있는 예수님을 우리 안에 받아들여야 합니다.

'나는 아무리 선을 행하려고 해도 안 됩니다. 예수님, 당신이 내 마음에 오셔서 은혜를 베풀어 주십시오. 당신이 저를 축복해 주시고, 제 안에서 역사해 주십시오.'

이런 마음을 가져야 합니다. 예수님이 우리 안에 들어와 역사하셔야 마음에서 어두움을 몰아내고 더럽고 악한 생각을 내쫓습니다. 예수님의 마음으로 밝고 활기차게 살며 하나님을 기쁘시게 할 수 있습니다.

귀신 들린 딸을 둔 가나안 여자는 예수님 앞에 나아와 은혜를 간구했고, 예수님이 딸에게서 귀신을 내쫓아 주셨습니다. 딸이 온전해졌습니다. 우리도 우리 힘으로는 온전케 될 수 없습니다. 우리 안에 예수 그리스도께서 오셔서 우리를 이끌어 주실 때 우리가 복된 삶을 살 수 있습니다.

76강

바리새인과 사두개인들의 누룩을 주의하라

"예수께서 이르시되 '삼가 바리새인과 사두개인들의 누룩을 주의하라' 하신대 제자들이 서로 의논하여 가로되 '우리가 떡을 가져오지 아니하였도다' 하거늘 … '어찌 내 말한 것이 떡에 관함이 아닌 줄을 깨닫지 못하느냐? 오직 바리새인과 사두개인들의 누룩을 주의하라' 하시니, 그제야 제자들이 떡의 누룩이 아니요 바리새인과 사두개인들의 교훈을 삼가라고 말씀하신 줄을 깨달으니라."(마 16:6~12)

누룩을 넣어서 부풀게 한 빵

예수님께서 바리새인과 사두개인의 누룩을 주의하라고 하셨습니다. 누룩은 빵을 만들 때 부풀게 만드는 발효제입니다. 이스라엘 백성은 유월절 동안 '무교병無酵餠'을 먹었습니다. 무교병은 누룩을 넣지 않고 만든 빵으로, '누룩이 없는 빵'이라는 말입니다. 누룩을 넣어서 부풀게 한 빵은 '유교병有酵餠'이라고 합니다. 유월절 기간에 무교병을 먹기에 무교절이라고도 합니다.

예수님께서 바리새인과 사두개인의 누룩을 주의하라고 말씀하셨습니다. 제가 신앙생활을 하는 분들을 만나 이야기하다 보면 성경과 다른 이야기를 하는 경우가 종종 있었습니다. "내가 기도를 오랫동안 했더니 마음이 아주 순수해져서 돈을 봐도 매력이 전혀 없고, 여자를 봐도 이상한 생각이 일어나지 않더라." 이런 이야기들이 사람들의 마음에 감동을 줍니다.

제가 주일학생이었을 때 선생님이 이런 이야기를 들려주었습니다. 자신이 비싸고 좋은 새 외투를 입고 있었는데, 길에서 거지가 웅크린 채 떨고 있는 모습을 보고 외투를 벗어서 거지에게 덮어주고 얼른 뛰어왔다고 했습니다. 그 이야기를 듣는데 선생님이 한 일이 너무 멋있어 보였습니다. 나도 좋은 옷이 있으면 입고 있다가 거지에게 벗어주고 뛰어오고 싶었습니다.

목사님은 설교할 때 선한 일을 행하라고 가르칩니까?
바리새인의 교훈에는 누룩이 들어 있었습니다. 빵에 누룩이 들어가면 부풀어 올라 실제 빵보다 커져서 보기에 좋고 먹기에도 좋습니다. 바리새인들이 하는 이야기가 그와 같았습니다. 실제보다 부풀려져서 보기에 좋고 사람들의 마음이 끌렸습니다.

제가 한번은 어느 목사님과 성경 이야기를 하다가 물었습니다.

"목사님은 설교할 때 선한 일을 행하라고 가르칩니까?"

"예, 그렇게 가르칩니다."

어떻게 보면 성경은 하나님이 우리에게 선하게 살라고 가르치시는 것처럼 보입니다. 그래서 선하게 살라고 설교하는 목회자가 많습니다. 제가 그 목사님에게 다시 물었습니다.

"혹시 성경에서 '가시나무에서 포도를, 엉겅퀴에서 무화과를 따겠느냐?'라는 말씀을 읽어본 적이 있습니까?"

가시나무에는 절대로 포도가 열리지 않고 엉겅퀴에는 무화과가 달리지 않습니다. 예수님이 왜 그 말씀을 하셨습니까? 가시나무와 엉겅퀴는 우리를 가리킵니다. 성경은 인간이 악할 뿐이며, 마음에 더럽고 추한 것이 가득하다고 말합니다. 그런 인간에게서 어떻게 선한 것이 열릴 수 있겠습니까?

창세기 3장에서, 아담과 하와가 뱀의 말을 듣고 하나님의 말씀을 버리고 선악을 알게 하는 나무의 열매를 따먹는 것을 볼 수 있습니다. 그리고 4장으로 넘어가서 가인과 아벨 이야기가 나옵니다. 가인은 땅의 소산으로 하나님께 제사를 드렸습니다. 땅의 소산이 무엇입니까? 흙에서 나온 것, 곧 인간의 육신의 소산을 나타냅니다. 아담이 범죄한 뒤 하나님께서 아담에게 "너는 흙이니 흙으로 돌아갈 것이니라."라고 하셨습니다.

땅의 소산인 탐스러운 과일, 잘 익은 황금빛 곡식은 훌륭하고 아름답게 보입니다. 그러나 하나님은 가인의 제사를 받지 않으셨습니다. 하나님은 왜 가인의 제사를 받지 않으셨습니까? 많은 사람들이 성경 말씀에 자기 생각을 덧붙여서 "가인은 정성 없이 제사를 드렸을 거야. 제사를 드리기 싫지만 억지로 드렸을 거야. 그래서 하나님이 안 받으셨을 거야."라고 말합니다. 그러나 성경은 그 이유를 분명히 이야기하고 있습니다. 하나님이 가인의 제사를 받지 않으신 이유는 단순합니다. 땅의 소산으로 제사를 드렸기 때문입니다. 그렇다면 아벨의 제사는 왜 받으셨습니까? 아벨은 땅이 소산이 아닌 양의 첫 새끼와 그 기름으로 제사를 드렸습니다.

선을 행하는 사람은 없다

우리가 보는 사람과 하나님이 보시는 사람은 전혀 다릅니다. 하나님의 말씀은 사람 속에 선한 것이 거하지 않는다고 했습니다. 사람은 본디 악할 뿐이라고 했습니다. 하나님께서 하늘에서 인생을 굽어살피신즉, 선을 행하는 사람은 하나도 없다고 했습니다.

"하나님이 하늘에서 인생을 굽어살피사 지각이 있는 자와 하나님을 찾는 자가 있는가 보려 하신즉 각기 물러가 함께 더러운 자가 되고 선을 행하는 자 없으니 하나도 없도다."(시 53:2~3)

이런 이야기를 하면 사람들이 깜짝 놀랍니다.

"왜 사람에게 선한 게 없어요? 나도 선한 게 있는데요. 나 정말 선하게 살았어요. 물론 잘못하고 죄를 지은 것도 있지만, 선하게 산 것은 선한 게 아닙니까?"

한번은 제가 인간에게 선한 것이 없다고 설교하자, 나중에 어느 부인이 저에게 자신이 행한 일은 선하지 않냐고 물었습니다. 그 부인은 가난한 동네에서 약국을 경영하고 있었습니다. 많은 사람이 약국에 약을 사러 옵니다. 그 중에는 약을 계속 먹어야 하는 사람들이 있습니다. 약을 먹다가 끊으면 병이 더 심해져서 고치기 힘들어지는 사람들입니다. 그런데 그런 사람들 가운데 약을 사러 오지 않는 사람이 있습니다. 이분이 전화해서 그 사람을 약국으로 오라고 불렀습니다.

"왜 약을 안 사가요?"

"약을 살 돈이 없어요."

"아무리 그래도 약을 먹어야지요."

"돈이 없는데 어떻게 약을 먹어요."

"당장 돈 안 줘도 되니까 일단 약을 먹어요. 돈은 나중에 생기면 주고요."

그렇게 많은 사람에게 약을 주었습니다. 개중에는 나중에 약값을 준 사람도 있지만 그렇지 않은 사람이 더 많았습니다. 이렇게 이야기한 뒤 그 부인이 물었습니다.

"목사님, 저는 이렇게 하는 것이 선한 일이라고 생각해서 계속 하고 있습니다. 이것도 선한 것이 아닙니까?"

제가 뭐라고 대답해야 합니까? "자매님, 그것은 선한 거예요. 정말 잘하셨어요."라고 해야 합니까? 저는 목사입니다. 하나님의 말씀을 전하는 사람입니다. 성경에서는 뭐라고 말합니까? 인간 속에는 선한 것이 없다고 합니다. 그렇다면 이 부인이 가난한 사람에게 무료로 약을 준 것이 선한 일이 아닙니까? 저는 선한 일이라고 말하고 싶지만 하나님은 그렇지 않다고 말씀하십니다. 왜 선한 것이 아닙니까?

성경은 우리 마음에 관해 이야기하고 있습니다. 인간은 마음이 악하지만 선을 행하기 원하는 마음을 가지고 있습니다. 마음이 악한 가운데 있으면서 선을 행하는 것입니다. 그것은 위선이며 외식입니다.

가인이 하나님께 제물로 드린 땅의 소산, 탐스러운 과일과 곡식들이 아주 좋아 보입니다. 그러나 하나님은 무엇을 보셨습니까? 가인의 마음에는 동생 아벨을 쳐죽일 수 있는 악이 들어 있었습니다. 그런데 가인이 하나님께 제사를 드릴 때의 모습은 진실하고 성스러웠습니다. 마음에 동생을 죽일 악을 담고 있으면서 진실한 모습으로 제사를 드리는 것을 선하다고 말할 수 있겠습니까? 가인이 제사를 드리면서 "하나님이시여, 제가 드리는 이 제물을 받으시옵소서!" 했을 때, 하나님은 진실하고 신령한 것 같은 그의 겉모습을 보신 것이 아니라 마음속에 들어 있는 아벨을 돌로 쳐죽이는 악을 보셨습니다.

사람의 마음에는 악이 들어 있습니다. 그 악을 깊숙이 감추고, 선을 행하고 싶어하는 마음을 따라 다른 사람을 돕고 위합니다. 그렇게 행하면 선한 것처럼 보입니다. 그러나 하나님은 인간에게 선한 것이 없다고 하셨습니다. 사람들은 그렇게 말씀하시는 하나님께 대듭니다.

"하나님, 저는 이렇게 선한 일을 했습니다. 이렇게 남을 도왔습니다. 어렵게 사는 사람들을 위해 이렇게 수고했습니다. 하나님. 왜 그걸 몰라주십니까? 제가 어려운 중에도 다른 사람들을 도왔습니다."

만물보다 거짓되고 심히 부패한 것이 인간의 마음

많은 사람들이 자신에게 선한 것이 있다고 말합니다. 그러나 하나님은 선한 것이 없다고 말씀하십니다. 무엇이 문제입니까?

바리새인들과 사두개인들의 교훈에는 누룩이 들어 있었습니다. 그들도 가인처럼 마음에 죄악이 있는 사람들입니다. 그런데 선한 일을 행하는 것처럼 이야기했습니다. 사람들이 거기에 끌렸습니다. '나도 저분들처럼 선하게 살아야겠다, 진실하게 지내야겠다, 이웃을 사랑해야겠다….' 좋은 마음인 것 같지만, 선한 것이 없는 인간이 자신을 부풀린 것입니다. 이런 마음에 끌리는 사람은 예수님을 믿을 수 없습니다. 예수님을 믿기 위해서는 내가 할 수 있는 것이 없어야 합니다. 그래서 나 자신을 벗어버려야 합니다.

    제가 구원받기 전에 교회에 다니면서, 죄를 짓고 지내면서도 그렇게 큰 죄인이라고 생각하지 않았습니다. 다른 친구들도 죄를 짓는데 나는 교회에 다니고, 새벽기도회에 나가고, 자주 기도하고, 가끔 돈이 생기면 헌금도 하고, 교회 봉사도 많이 했습니다. 그렇기 때문에 나름대로 선하다고 생각했습니다. 정말 악했지만 나 자신에게 속고 있었습니다. 비록 악하지만 선을 행하고 싶어하기 때문에 선하다고 생각했습니다. 내가 행한 죄악은 잊고 조금이라도 선한 일을 행한 것이 있으면 오래오래 기억했습니다.

    어느 날, 하나님께서 나에게 큰 은혜를 베푸셨습니다. 나 자신을 제대로 볼 수 있는 눈을 띄워 주셨습니다. 저는 그때 하나님께서 당신의 눈을 나에게 빌려주셨다고 생각했습니다. 그 전까지는 내가 나름대로 선하고 똑똑하고 잘난 사람이었는데, 그날 본 내 모습은 너무 더럽고 추하고 악했습니다. 그날부터 저는 죄 때문에 몹시 괴로워했고, 죄에서 벗어나고 싶었습니다.

    바리새인은 이렇게 기도했습니다.

"하나님이여, 나는 다른 사람들 곧 토색, 불의, 간음을 하는 자들과 같지 아니하고 이 세리와도 같지 아니함을 감사하나이다. 나는 이레에 두 번씩 금식하고, 또 소득의 십일조를 드리나이다."

바리새인은 자신이 잘한 것, 거룩한 것을 나타냈습니다. 예수님은 죄인을 구원하러 세상에 오셨습니다. 바리새인은 죄인이 아니니 어떻게 구원을 받겠습니까?

바리새인은 죄를 지은 것은 인정하지만 자신이 죄인인 것은 인정하지 않았습니다. 사람들이 종종 거짓말을 하지만, 자신을 거짓말쟁이라고 하면 기분이 굉장히 상합니다. 거짓말은 했지만 거짓말쟁이는 아니라고 생각합니다. 도둑질을 했지만 도둑은 아니라고 생각합니다. 잘못을 행하지만 나쁜 사람은 아니라고 생각합니다. 자신에 대한 생각이 부풀려져 있기 때문입니다.

우리가 참된 신앙생활을 하기 위해서는 선한 사람이 되어야 하는 것이 아닙니다. 인간은 원래 악하기 때문입니다. 자신이 악한 사람이라는 사실을 깨달을 때 하나님의 은혜를 입어 새로워질 수 있습니다. 저는 오랫동안 교회에 다니면서 나름대로 착하다고 생각했습니다. 어느 날 하나님이 나 자신을 보여 주셨습니다. 내가 얼마나 더러운 인간인지, 얼마나 악한 인간인지, 얼마나 야비하고 추한 인간인지 보았습니다. 나는 지옥 가기에 딱 맞았습니다. 내가 내세울 의가 아무것도 없는 그때 마음에 예수님의 의를 받아들일 수 있었습니다.

자신이 괜찮고 잘났다고 여기는 사람은 바리새인처럼 하나님 앞에 자신의 의를 가지고 갑니다. 이사야가 뭐라고 말했습니까?

"대저 우리는 다 부정한 자 같아서 우리의 의는 다 더러운 옷 같으며, 우리는 다 쇠패함이 잎사귀 같으므로 우리의 죄악이 바람같이 우리를 몰아가나이다."(사 64:6)

우리 의는 다 더러운 옷 같다고 했습니다. 그런데 많은 사람들이 자신을 괜찮은 사람, 깨끗한 사람으로 알고 있습니다. 얼마나 안타까운지 모릅니다.

우리는 하나님이 보시는 우리 자신을 봐야 합니다. 인간의 눈은 아담과 하와가 선악을 알게 하는 나무의 열매를 따먹은 뒤 변질되었습니다. 그 눈으로 자신을 보지 말고 하나님이 보시는 눈으로 보아야 합니다. 하나님은 우리 행동이 부패했다고 말씀하시지 않고 마음이 부패했다고 말씀하십니다.

"만물보다 거짓되고 심히 부패한 것은 마음이라. 누가 능히 이를 알리요마는"(렘 17:9)

마음이 심히 부패했기 때문에 행동도 부패한 일을 행합니다. 그런데 그 마음을 감추고 선을 행합니다. 그러고는 자신이 괜찮은 사람이라고 생각합니다. 바리새인이 되면 자신이 잘한 것, 착하게 산 것만 보입니다. 하나님이 보실 때에는 멸망을 당해야 할 사람인데 자기가 볼 때에는 선하고 잘난 사람이 됩니다. 그런 사람은 멸망을 당할 수밖에 없습니다.

예수님이 바리새인과 사두개인의 누룩을 조심하라고 하셨습니다. 그들은 외식하는 삶을 살았습니다. 속은 악하지만 겉으로는 선한 척 했습니다. 예수님이 그들에게 "화 있을진저, 외식하는 서기관들과 바리새인들이여."라고 하셨습니다. 누구든지 외식하면 자신이 선하게 보이지만, 하나님이 보실 때에는 악합니다. 우리 판단을 버리고 하나님의 말씀을 받아들여야 합니다.

77강

이를 네게 알게 한 이는
내 아버지시니라

"예수께서 가이사랴 빌립보 지방에 이르러 제자들에게 물어 가라사대, 사람들이 인자를 누구라 하느냐? 가로되, 더러는 세례 요한, 더러는 엘리야, 어떤 이는 예레미야나 선지자 중의 하나라 하나이다. 가라사대, 너희는 나를 누구라 하느냐? 시몬 베드로가 대답하여 가로되, 주는 그리스도시요 살아 계신 하나님의 아들이시니이다. 예수께서 대답하여 가라사대, 바요나 시몬아 네가 복이 있도다. 이를 네게 알게 한 이는 혈육이 아니요 하늘에 계신 내 아버지시니라."(마 16:13~17)

하나님으로 말미암아 예수님이 그리스도라는 사실을 알았다
예수님이 가이사랴 빌립보 지방에 이르러, 제자들에게 물었습니다.

"사람들이 인자를 누구라 하느냐?"

제자들이 대답했습니다.

"더러는 세례 요한, 더러는 엘리야, 어떤 이는 예레미야나 선지자 중의 하나라 하나이다."

예수님이 다시 물었습니다.

"너희는 나를 누구라 하느냐?"

시몬 베드로가 말했습니다.

"주는 그리스도시요, 살아 계신 하나님의 아들이시니이다."

그때 예수님께서 이렇게 말씀하셨습니다.

"바요나 시몬아, 네가 복이 있도다. 이를 네게 알게 한 이는 혈육이 아니요 하늘에 계신 내 아버지시니라."

시몬 베드로는 갈릴리 바다에서 고기 잡는 법을 배웠고, 장성했으니 삶에 필요한 많은 것을 배웠을 것입니다. 그런데 예수님이 말씀하시길, 베드로가 하나님으로부터 가르침을 받고 있다는 것입니다. 베드로가 예수님께 "주는 그리스도시요, 살아 계신 하나님의 아들이시니이다."라고 했는데, 하나님께서 베드로에게 그것을 보여 주셨습니다.

요한복음 1장에서, 세례 요한이 예수님께서 성령으로 세례를 주시는 분인 줄 알았다고 말했습니다. 세례 요한은 어떻게 예수님이 성령으로 세례를 주시는지 알았습니까? 성령이 요한에게 말했습니다. "성령이 누구 위에든지 머무는 것을 보거든 그가 곧 성령으로 세례를 주는 이인 줄 알라." 세례 요한이 요단강에서 세례를 베풀 때 예수님이 오셔서 세례를 받으셨습니다. 그때 성령이 비둘기처럼 내려 예수님 위에 머무는 것을 요한이 보고 '저분이 성령으로 세례를 주시는 메시아구나' 하고 알았습니다.

베드로 역시 학문으로 배웠거나 경험으로 안 것이 아니라, 하나님으로 말미암아 예수님이 그리스도요 하나님의 아들이라는 사실을 알았습니다.

우리 마음 안에 하나님의 세계를 만들어 가는 마태복음

마태복음은 세상 어디에서도 얻을 수 없는 하나님의 세계를 우리 마음 안에 만들어 가도록 쓰여진 책입니다. 제가 마태복음을 읽은 뒤 전에 내 속에 없었던 마음의 세계가 형성되는 것을 느꼈습니다. 제가 마태복음에서 얻은 마음은 세상 어디에도 없습니다.

여러분이 볼펜이 필요하면 문방구에 가면 살 수 있습니다. 못을 박기 위해 망치가 필요하면 철물점에 가서 살 수 있습니다. 햄버거나 피자를 사려면 그 음식을 파는 가게에 가서 살 수 있습니다. 우리가 세상을 살아가는 데 필요한 많은 지식을 세상에서 배울 수 있습니다. 그런데 하나님의 인도, 하나님의 마음은 세상 어느 가게에서 살 수 있습니까?

저는 종종 마음을 파는 가게를 열고 싶다는 생각을 했습니다. 그 가게에 사람들이 마음을 사러 옵니다.

"어떤 마음을 사러 오셨습니까?"

"우리 부부는 매일 싸워요. 남편이 자꾸 저를 의심해요."

"아, 그래요? 그럼 아내를 믿는 마음을 하나 드릴까요? 5백만 원입니다."

"좀 깎아 주세요."

"깎아 줄 수는 있는데 기능이 조금 떨어집니다."

다른 손님이 찾아옵니다.

"안녕하세요. 여기가 마음을 파는 가게입니까?"

"예, 시작한 지 얼마 안 되었습니다."

"저는 늘 불안하고 초조한데 다른 마음으로 바꿀 수 있을까요?"

"예, 평안한 마음도 팝니다."

"비싼가요?"

"제품에 따라 다른데요. 백만 원짜리는 오래 쓰지 못하고, 한평생 쓸 마음은 천만 원쯤 합니다. 그런데 오늘은 특별히 할인해서 오백만 원에 드리지요."

제 집무실에 많은 사람들이 찾아옵니다. 대부분 어려운 이야기를 합니다. 제가 그분들의 마음을 어떻게 바꿀 수 있겠습니까? 성경을 펴서 이야기합니다. 그러면 사람들의 마음이 변해가는 것을 볼 수 있습니다. 저는 그것이 너무나 신기했습니다. 그래서 마음을 파는 가게를 열면 좋겠다는 생각을 했습니다.

나 때문에 남편이 더 괴로워하는구나…

마태복음이 전에 우리가 갖지 못했던 마음을 만드는 것을 봅니다. 누구나 불안한 마음, 어두운 마음에 계속 이끌리면 너무 불행합니다.

제가 아는 한 부인이 있습니다. 이 부인은 처녀 때 그 동네에서 얼굴도 예쁘고 마음도 착한 여자였습니다. 이 부인이 어느 날 옆 동네에 사는 다리병신 총각을 보았습니다. 그 사람을 보고 이런 생각을 했습니다. '내가 저 남자랑 결혼해서 저 사람의 다리가 되어 주면 얼마나 행복해할까? 남편이 행복하면 나도 행복하겠지.' 그 생각이 점점 깊어져 가족들의 거센 반대를 물리치고 그 남자와 결혼했습니다.

시아버지와 시어머니, 시동생들이 이 부인을 각별히 위해 주었습니다. 숲속의 공주처럼 행복했습니다. 큰방에서 가족이 다 모여 아침 식사를 했는데, 아침을 먹고 나면 아무도 자리를 뜨지 않고 앉아서 함께 이야기를 나누었습니다. 이 부인이 이야기하면 가족이 다 밝게 웃으며 즐거워했습니다. 정말 화목하고 복된 가정이었습니다.

석 달이 지나 그 행복이 깨지기 시작했습니다. 하루는 시어머니가 말했습니다.

"아가, 지금까지는 내가 시장을 보았지만 오늘부터는 네가 시장에 가서 필요한 것들을 사오거라."

이 부인이 장바구니를 들고 시장에 갔습니다. 채소도 사고, 과일도 사고, 계란도 사고, 감자도 사고, 생선도 샀습니다. 너무 행복했습니다. 장바구니를 들고 집으로 돌아왔습니다. 그런데 남편 얼굴이 굉장히 화가 나 있었습니다.

"당신, 왜 이제 왔어?!"

부인이 웃으며 말했습니다.

"왜 그래요? 왜 화가 났어요?"

남편이 거칠게 말했습니다.

"잔말 말고 방으로 들어와!"

부인은 여전히 웃으며 말했습니다.

"무슨 일이 있었어요?"

남편이 흥분한 말투로 물었습니다.

"시끄러워! 당신 오늘 어디 갔다 왔어?"

"시장에요."

"시장에서 누구 만났어?"

"누굴 만나긴요. 아무도 안 만났어요."

"정말 아무도 안 만났단 말이야?"

"과일 파는 사람 만났어요. 채소 장사도 만나고, 생선 장사도 만나고요."

"그리고 또 누구 만났어?"

"그리고는 아무도 안 만났어요."

　남편이 갑자기 방문을 확 열었습니다. 방문 앞에 연탄아궁이가 있고 그 옆에 쇠로 된 연탄집게가 있었습니다. 남편이 그 집게를 들고 아내를 때리기 시작했습니다. 아내가 맞는데 아프지 않았습니다. '이게 무슨 일이지? 행복했는데 왜 이런 일이 일어나지?'

　아내가 시장에 간 뒤 남편에게 이상한 생각이 들었습니다. '내 아내는 너무 착해. 그래서 나 같은 병신에게 시집을 왔어. 그런데 밖에 나가서 멋진 남자를 보면 그 남자를 좋아하겠지?' 아내가 멋진 남자와 식당에서 같이 밥을 먹는 장면이 떠오르고, 함께 웃으면서 커피를 마시는 장면이 떠오르고, 여관으로 들어가는 장면이 떠올랐습니다. 그런 장면을 상상하니 미칠 것 같았습니다. '아니야, 내 아내가 그럴 리 없어!'라고 생각해도, 이상한 생각을 마음에서 내쫓을 수 없었습니다.

　그런 생각을 하면 얼굴이 벌게지고, 불안하고, 견딜 수 없이 괴로웠습니다. 그렇게 있다가 아내가 집에 돌아오면 누굴 만났느냐고 캐묻고, 아무도 만나지 않았다고 하면 거짓말하지 말라며 때렸습니다. 그러고는 나중에 정신이 들면 아내에게 용서를 빌며 다시는 그러지 않겠다고 했습니다. 하지만 아내가 밖에 나갔다 올 때마다 남편은 아내를 때렸습니다. 이 부인이 맞아서 아픈 것보다 마음이 더 아팠습니다. '내가 남편과 결혼하면 남편이 행복할 거라고 생각했는데 나 때문에 남편이 더 괴로워하는구나….'

하나님이 가르쳐 주신 사실들이 얼마나 귀하고 놀라운지!
이 부인의 남편만 그러는 것이 아닙니다. 마음에 생각이 들어와서 잠을 이루지 못하고, 고통을 당하고 시달리는 사람이 많습니다. 밤에 아무도 없는 방에 들어가면 캄캄하지만 전등 스위치를 켜면 어두움이 금방 물러갑니다. 우리 마음의 어두움은 어떻게 내쫓습니까? 마음의 괴로움은 어떻게 몰아냅니까? 사람들이 다른 것은 잘 알아도 이런 것을 모릅니다.

　마태복음은 그런 부분을 정확히 가르쳐 줍니다. 스위치를 올려 전구가 켜지면 어두움이 다 도망가듯, 마태복음 안에 있는 말씀이 내 마음에 들어오면서 의심을 내쫓고 두려움을 내쫓고 슬픔을 내쫓고 어두움을 내쫓는 것을 자주 경험했습니다.

　베드로는 예수님을 알아 갔습니다. 갈릴리 바다에서 처음 만나, 예수님의 말씀대로 깊은 데 그물을 던지자 물고기가 많이 잡혔습니다. 정말 놀라운 일이었습니다. 그 후 예수님이 소경을 고치시는 것을 보았습니다. 보리떡 다섯 개로 오천 명을 먹이시는 것을 보았습니다. 그런데 베드로가 본 것 이상을 볼 수 있는 눈을 하나님께서 주셨습니다. 예수님이 그리스도요 하나님의 아들이신 것을 보았습니다.

마태복음은 예수님을 '유대인의 왕'으로 표현하고 있습니다. 우리나라 대통령이 어떤 사람에게 "당신이 교육부 장관을 하세요." 하면 그 사람이 교육부 장관이 됩니다. 평강의 왕이신 예수님이 "평강아, 너 박옥수 목사 집에 가서 머물러라." 하시면, 우리 집에 평강해야 할 이유나 조건이 없어도 평강합니다. 평강이 우리 집에 머물러 있습니다. 예수님이 "평강아, 저 사람이 너무 불안해하는데 저 사람 속에 들어가 있어라." 하시면 그 사람이 평안해집니다.

하나님께서 베드로에게 예수님이 살아 계신 하나님의 아들이신 것을 가르쳐 주셨습니다. 하나님께서 저에게도 이런 놀라운 사실을 가르쳐 주시려고 종종 내 마음에 있는 것을 다 비우고 하나님의 은혜 안에 머물도록 이끄시는 것을 보았습니다. 제가 하나님께로부터 배운 것들이 있습니다. 그것을 마음에 담고 사니 삶이 놀랍게 달라질 수밖에 없었습니다. 하나님이 가르쳐 주신 사실들이 얼마나 귀하고 놀라운지 모릅니다.

예수님이 제자들에게 물었습니다.

"사람들이 인자를 누구라 하느냐?"

"더러는 세례 요한, 더러는 엘리야, 어떤 이는 예레미야나 선지자 중의 하나라 하나이다."

예수님이 다시 물었습니다.

"너희는 나를 누구라 하느냐?"

그때 베드로가 말했습니다.

"주는 그리스도시요, 살아 계신 하나님의 아들이시니이다."

베드로는 예수님이 놀라운 능력을 행하시는 분을 넘어 하나님이신 것을 알았습니다. 그것을 누가 가르쳐 주었습니까? 하나님께서 가르쳐 주셨습니다. 하나님은 우리에게도 많은 것을 가르쳐주길 원하십니다. 성경에 이런 말씀이 있습니다.

"너희 중에 누구든지 지혜가 부족하거든 모든 사람에게 후히 주시고 꾸짖지 아니하시는 하나님께 구하라. 그리하면 주시리라. 오직 믿음으로 구하고 조금도 의심하지 말라. 의심하는 자는 마치 바람에 밀려 요동하는 바다 물결 같으니 이런 사람은 무엇이든지 주께 얻기를 생각하지 말라. 두 마음을 품어 모든 일에 정함이 없는 자로다."(약 1:5~8)

하나님은 당신 안에 있는 우리가 모르는 신비한 세계를 우리 마음에 넣어 주시려고, 지혜가 부족하면 구하라고 말씀하셨습니다. 우리가 그 지혜를 얻으면 세상에 없는 빛을 얻고, 평안을 얻고, 기쁨을 얻을 수 있습니다. 성경에 있는 믿음의 세계를 배우면, 예수님이 하나님의 능력으로 행하신 것처럼 우리에게도 그런 일이 나타나는 것을 경험할 수 있습니다.

제가 죄 때문에 괴로워하고 슬퍼하다가 예수님의 말씀이 마음에 들어온 뒤 죄에서 벗어날 수 있었습니다. 말씀이 들어온 뒤 두려움에서 벗어날 수 있었고, 슬픔에서 벗어날 수 있었습니다. 전에 없었던 힘이 나타나고 역사가 나타나는 것을 볼 수 있었습니다.

베드로가 예수님을 살아 계신 하나님의 아들이라고 고백했습니다. 전에 베드로는 그런 이야기를 할 수 없었습니다. 마태복음이 여러분에게도 새로운 마음의 세계를 만들어주면 좋겠습니다. 여러분 모두 마음을 열고 마태복음과 친하시길 바랍니다.

78강

주여,
그리 마옵소서

"이때로부터 예수 그리스도께서 자기가 예루살렘에 올라가 장로들과 대제사장들과 서기관들에게 많은 고난을 받고 죽임을 당하고 제 삼일에 살아나야 할 것을 제자들에게 비로소 가르치시니, 베드로가 예수를 붙들고 간하여 가로되 '주여, 그리 마옵소서. 이 일이 결코 주에게 미치지 아니하리이다.' 예수께서 돌이키시며 베드로에게 이르시되 '사단아, 내 뒤로 물러가라. 너는 나를 넘어지게 하는 자로다. 네가 하나님의 일을 생각지 아니하고 도리어 사람의 일을 생각하는도다' 하시고, 이에 예수께서 제자들에게 이르시되 '아무든지 나를 따라오려거든 자기를 부인하고 자기 십자가를 지고 나를 좇을 것이니라.'"(마 16:21~24)

아담이 마귀에게 빼앗긴 권세를 다시 찾기 위해

예수님이 "너희는 나를 누구라 하느냐?" 물으셨을 때, 베드로가 "주는 그리스도시요 살아 계신 하나님의 아들이시니이다."라고 대답했습니다. 그때 예수님이 예루살렘에 가서 장로들과 대제사장들과 서기관들에게 많은 고난을 받고 죽임을 당하실 것과 사흘 뒤에 살아나실 것을 제자들에게 비로소 가르치셨습니다. 그러자 베드로가 예수님을 붙들고 간했습니다.

"주여, 그리 마옵소서. 이 일이 결코 주에게 미치지 아니하리이다."

마태복음 4장에서 예수님께서 마귀에게 시험 받으신 이야기를 기억할 것입니다. 마귀가 예수님을 세 가지로 시험했습니다. 첫 번째 시험은, "네가 만일 하나님의 아들이어든 명하여 이 돌들이 떡덩이가 되게 하라."였습니다. 두 번째 시험은, 마귀가 예수님을 성전 꼭대기에 세운 뒤 "네가 만일 하나님의 아들이어든 뛰어내리라. 기록하였으되 '저가 너를 위하여 그 사자들을 명하시리니 저희가 손으로 너를 받들어 발이 돌에 부딪히지 않게 하리로다' 하였느니라."라고 했습니다. 세 번째 시험은, 마귀가 예수님께 천하만국과 그 영광을 보이며 "만일 내게 엎드려 경배하면 이 모든 것을 네게 주리라." 했습니다.

마귀는 왜 예수님께 이 땅의 모든 영광과 권세를 주겠다고 했습니까? 하나님께서 인간을 창조하신 뒤 아담에게 만물을 다스릴 수 있는 권세를 주셨습니다. 누가복음 4장에서는 마귀가 예수님께 "이 모든 권세와 그 영광을 내가 네게 주리라. 이것은 내게 넘겨준 것이므로 나의 원하는 자에게 주노라."라고 했습니다. 아담이 마귀에게 순종함으로 말미암아 하나님이 주신 권세를 마귀에게 빼앗긴 것입니다.

이제 마귀가 그 권세를 쥐고 예수님에게 흥정을 했습니다. '이 권세를 빼앗으려면 십자가에 못박혀 죽어야 돼. 고통스럽지 않겠어? 나에게 절만 하면 이 권세를 다 줄게'라고 유혹한 것입니다. 예수님은 그렇게 하지 않고, 십자가에 못박혀 죽으심으로 인간을 죄에서 건지고 그 권세를 빼앗길 원하셨습니다. 마태복음 제일 마지막에 예수님이 이렇게 말씀하셨습니다.

"예수께서 나아와 일러 가라사대 '하늘과 땅의 모든 권세를 내게 주셨으니 … 볼지어다, 내가 세상 끝날까지 너희와 항상 함께 있으리라' 하시니라."(마 28:18~20)

예수님은 아담이 마귀에게 빼앗긴 권세를 다시 찾기 위해 십자가에 못박혀 죽으셨습니다. 십자가의 죽음으로 우리를 죄에서 구원하셨을 뿐 아니라 권세를 다시 찾아오셨습니다. 그래서 "하늘과 땅의 모든 권세를 내게 주셨으니"라고 말씀하셨습니다. 그리고 예수님은 그 권세를 인간에게 다시 주시지 않았습니다. 예수님이 그냥 가지고 계시면서 세상 끝날까지 우리와 항상 함께 있겠다고 하셨습니다.

구원받은 성도가 길을 걸을 때 하늘과 땅의 모든 권세를 가진 예수님이 같이 계시는 것입니다. 성도가 어떤 어려움을 당할 때 하늘과 땅의 모든 권세를 가진 예수님이 함께 계시는 것입니다. 하늘과 땅의 모든 권세를 가지신 예수님이 위대한 장군처럼 가슴에 훈장을 많이 달고 어깨에 별을 50개쯤 달고 걸어가시면 왕들도 그 앞에 절을 할 것입니다. 우리가 그 예수님과 함께 걸어가면 아무것도 문제가 안 됩니다.

예수님이 우리와 함께 걸어가시는 것을 우리가 감각하지 못하기 때문에 문제를 만나면 염려하고 근심하고 두려워하지, 그 사실을 안다면 염려하거나 슬퍼하거나 두려워해야 할 일이 결코 없습니다. 저도 어려운 일을 당해 걱정할 때가 있습니다. 그러나 우리나라 대통령만 나를 위해주어도 웬만한 문제는 해결될 것입니다. 하물며 예수님은 하늘과 땅의 모든 권세를 가지신 분입니다. 그 권세 앞에 하늘과 땅의 모든 것이 굴복합니다. 그 예수님이 우리와 항상 함께 계시기 때문에 염려할 일이 없습니다.

예수님이 우리와 항상 함께 계신다는 사실이 실감이 나지 않지만, 그냥 믿으면 됩니다. 예수님이 함께 계시면 돈이 없다고 문제가 되겠습니까? 무엇이 문제가 될 수 있겠습니까? 절대로 아무 문제가 되지 않습니다. 우리가 예수님을 아는 것은 정말 놀라운 일입니다.

베드로는 마귀처럼 십자가를 거치지 않아도 될 것같이 말했다

예수님께서 제자들에게 물으셨습니다.

"사람들이 인자를 누구라 하느냐?"

"더러는 세례 요한, 더러는 엘리야, 어떤 이는 예레미야나 선지자 중의 하나라 하나이다."

"너희는 나를 누구라 하느냐?"

그때 베드로가 말했습니다.

"주는 그리스도시요, 살아 계신 하나님의 아들이시니이다."

베드로가 살아 계신 하나님의 아들이 함께 계신다고 이야기했을 때, 예수님께서 죽임을 당하시고 부활하신다는 이야기를 처음 하셨습니다. 그때 베드로가 예수님을 붙들고 말했습니다.

"주여, 그리 마옵소서. 이 일이 결코 주에게 미치지 아니하리이다."

예수님이 십자가에 못박혀 죽으셔야 모든 사람을 죄에서 구원하실 수 있습니다. 베드로는 생각이 거기까지 미치지 못하니까, 예수님이 십자가에 못박혀 죽으시면 안 된다고 했습니다. 예수님이 베드로에게 말씀하셨습니다.

"사단아, 내 뒤로 물러가라. 너는 나를 넘어지게 하는 자로다. 네가 하나님의 일을 생각지 아니하고 도리어 사람의 일을 생각하는도다."

십자가에 못박혀 죽는 것은 육체로는 너무 고통스럽기 때문에 예수님도 원하신 일은 아니었습니다. 그러나 예수님은 십자가에 못박혀 죽으시려고 이 땅에 오셨습니다. 그런데 베드로는 마귀가 말한 것과 똑같이 십자가를 거치지 않아도 될 것처럼 이야기했습니다.

하나님이 베드로에게 지혜를 주시고, 사탄도 베드로에게 일하고

복음을 위해 사는 사람들에게 이와 같은 일이 일어납니다. 하나님이 우리 속에 살아 일하시고, 하나님께서 우리를 통해 당신의 뜻을 이루길 원하십니다. 우리가 주님과 함께 가는 길에는 때로 핍박도 있고 어려움도 있습니다. 그때마다 사탄은 '이러지 않으면 좋겠다'고 베드로처럼 이야기합니다.

너무 재미있는 사실은, 베드로가 예수님께서 메시아요 하나님의 아들이라고 이야기한 뒤 곧바로 예수님을 넘어지게 하려는 말을 했다는 것입니다. 마태복음이 우리에게 이야기하는 것이 이런 내용입니다. 우리가 세상에 태어나서 사는 동안 우리 마음을 끄는 힘이 있습니다. 마음의 세계를 잘 모르면 기쁨이나 슬픔이나 악하고 음란한 생각이나 거짓된 생각이 저절로 일어난다고 생각합니다. 그러나 요한복음 13장 2절에 보면, 마귀가 가룟 유다의 마음에 예수님을 팔려는 생각을 넣었다고 했습니다.

예수님은 당신의 마음을 넣어주길 원하십니다. 예수님 안에 있는 사랑이나 기쁨이나 평강을 우리 안에 넣어주려고 하십니다. 반대로 사탄은 우리 안에 미움이나 죄악이나 거짓을 넣어주려고 합니다. 마태복음 16장에서 베드로 마음에 하나님이 역사하시는 것을 볼 수 있습니다. 하나님께서 베드로에게 지혜를 주셔서 예수님이 그리스도인 것을 알게 하셨습니다. 또한 베드로 마음에 사탄이 일하는 것을 봅니다.

예수님은 십자가에 못박혀 죽어 인간을 죄에서 구원하는 놀라운 일을 이루시려고 세상에 오셨습니다. 사탄은 베드로를 통해서 "주여, 그리 마옵소서!" 하며, 예수님이 십자가에 못박혀 죽으면 안 된다고 간곡히 말렸습니다. 그때 예수님이 '나를 생각하는 것은 과연 너뿐이구나. 고맙다. 내가 사탄에게 절 한번 하고 그냥 지나가면 될까?' 하시면 어떻게 되겠습니까?

사탄은 베드로만 유혹한 것이 아니라 예수님도 시험했습니다. 사탄은 아담과 하와를 죄에 빠지게 만들어 온 인류를 멸망으로 몰아간 것처럼 지금도 우리에게 같은 일을 계속 하고 있습니다.

우리가 마태복음을 읽으면서 기억해야 할 사실이 있습니다. 우리 속에서 일어나는 생각을 그냥 따라서 사는 것이 옳습니까? 우리 속에 교만한 마음은 누가 일으키고, 음란한 마음은 누가 집어넣습니까? 거짓이나 쾌락을 사랑하는 마음은 누가 일으키며, 하나님의 말씀을 불신하게 하는 마음은 누가 넣어줍니까? 그런 마음이 저절로 생기는 것이 아닙니다. 사탄이 우리 안에 그런 마음을 넣어서 우리를 파멸의 길로 가도록 속이고 있습니다. 자기 속에서 일어나는 생각을 따라 사탄에게 속고 사는 사람이 너무 많습니다.

사탄은 우리를 사랑하는 모습으로 꾸미고 찾아와서…
인간은 누구나 사탄에게 속습니다. 사탄에게 속지 않으려면 사탄의 정체를 알아야 합니다. 그렇지 않으면 속을 수밖에 없습니다.

오래 전에 '낙랑'이라는 나라가 있었습니다. 강한 나라는 아니었지만 다른 나라에서 쳐들어가지 못했습니다. 적이 쳐들어오면 '자명고'라는 큰 북이 저절로 울려 잘 방어할 수 있었기 때문입니다. 고구려의 호동 왕자가 낙랑을 치기 위해 계획을 세웠습니다. 평민으로 변장하고 낙랑으로 들어가 공주와 사랑하는 사이가 되었습니다. 공주가 사랑에 깊이 빠졌을 때 호동 왕자가 칼로 자명고를 찢어 달라고 했습니다. 공주는 자기 나라와 사랑 사이에서 심하게 갈등하다가 결국 자명고를 찢습니다. 얼마 뒤 고구려 군사들이 낙랑으로 쳐들어가고, 낙랑은 방비 없이 지내다가 급습을 받아 망하고 말았습니다.

사탄은 우리를 사랑하는 모습으로 꾸미고 찾아와서 우리를 파멸의 길로 이끌려고 합니다. 그것은 사랑의 이야기가 아닙니다. 사탄이 우리에게 사랑인 것처럼 쾌락을 가지고 와서 많은 사람들을 멸망으로 끌어가고 있습니다.

우리는 사탄에게 잘 속기 때문에 그런 우리 생각을 그냥 믿어서는 안 됩니다. 자기 생각을 믿으면 패망의 길로 갈 수밖에 없습니다. 성경은 우리 자신을 믿지 말라고 이야기합니다. 예수님이 말씀하셨습니다.

"이에 예수께서 제자들에게 이르시되, 아무든지 나를 따라오려거든 자기를 부인하고 자기 십자가를 지고 나를 좇을 것이니라."(마 16:24)

앞으로 마태복음 이야기를 계속 해나가면서 이런 부분을 더 분명히 볼 수 있습니다. 왕의 혼인잔치 이야기나 포도원 농부 이야기 등을 보면, 다 자기 자신을 믿어서 파멸의 길로 가는 사람들의 이야기입니다. 우리가 자신을 믿는 마음에서 벗어나서 하나님의 인도를 받아야 합니다.

사람은 누구나 계획을 세우기도 하고 일을 처리하기도 하는 지혜를 가지고 있습니다. 많은 사람이 자신이 가진 지혜로 인생을 삽니다. 그러나 어떤 일 앞에서 지혜가 떠오를 때, 그 지혜를 가지고 예수님 앞에 가서 "주님, 제 생각은 이렇습니다." 하고 옆에 놓은 뒤 "주님, 당신의 생각은 어떻습니까?"라고 물어야 합니다. "주님, 내 생각이 좋아 보이지만 저는 제 생각을 믿을 수 없습니다. 제 생각을 믿고 한 일들은 다 실패로 끝났습니다. 주님의 뜻을 따르고 싶습니다." 해야 합니다. 우리가 예수님의 뜻을 알기를 바라는 사람, 예수님의 뜻을 기다리는 사람이 되어야 합니다.

79강

얼굴이 해같이 빛나며 옷이 빛같이 희어졌더라

"엿새 후에 예수께서 베드로와 야고보와 그 형제 요한을 데리시고 따로 높은 산에 올라가셨더니 저희 앞에서 변형되사 그 얼굴이 해같이 빛나며 옷이 빛과 같이 희어졌더라. 때에 모세와 엘리야가 예수로 더불어 말씀하는 것이 저희에게 보이거늘"(마 17:1~3)

믿음으로 우리 마음이 육체에서 벗어나길…

예수님이 베드로, 야고보, 요한을 데리고 따로 높은 산에 올라가셨습니다. 그곳에서 예수님의 형상이 변했습니다. 얼굴이 해같이 빛나고 옷이 빛같이 희어졌습니다. 이어서 모세와 엘리야가 예수님과 더불어 말씀하시는 것을 세 제자가 보았습니다.

사람은 다 육체를 가지고 있습니다. 육체는 여러 부분으로 불편을 느낍니다. 육체 없이 영만 있다면 얼마나 편하겠습니까? 예수님은 원래 육체를 가지고 계시지 않았습니다. 그분은 하나님이셨습니다. 그런데 우리와 똑같은 육체를 입고 이 땅에 오셨습니다. 예수님이 십자가에 못박혀 죽으셨다가 사흘 만에 부활하셨을 때, 제자들이 놀란 것은 문을 닫아놓았는데 예수님이 그냥 나타나셨습니다. 우리는 문을 닫아놓으면 들어가지 못하지만 예수님은 문을 닫아놓아도 들어가셨습니다. 우리는 하늘로 어느 정도 올라가면 죽는데 예수님은 하늘나라로 가셨습니다.

예수님이 인간 가까이 오셔서 인간으로 사시면서 종종 하나님의 신비한 세계를 보여 주셨습니다. 우리가 육체 안에 있는 동안에는 육체 때문에 불편한 것이 많고, 어려운 것이 많고, 고통스러운 것도 많습니다. 우리가 육체를 벗고 신령한 몸을 입으면-저는 한 번도 경험해 보지 않았지만- 굉장히 자유로울 것 같습니다. 예수님과 함께 거하는 세계는 상상이 안 됩니다.

마태복음 17장에서 예수님은 우리에게 신령한 세계를 보여주고 계십니다. 예수님께서 모세와 엘리야로 더불어 이야기하셨습니다. 그때 베드로가 그 산이 너무 좋아서 예수님께 이야기했습니다.

"주여, 우리가 여기 있는 것이 좋사오니 주께서 만일 원하시면 내가 여기서 초막 셋을 짓되 하나는 주를 위하여, 하나는 모세를 위하여, 하나는 엘리야를 위하여 하리이다."

베드로가 가진 서비스 정신이 좋습니다. 자기 장막을 짓지 않고 모세를 위하여, 엘리야를 위하여, 그리고 예수님을 위하여 초막을 짓겠다고 했습니다. 사실 모세와 엘리야는 초막이 필요없습니다. 초막은 육체 가운데 있을 때에 필요한 것입니다. 지금 모세와 엘리야가 예수님과 같이 이야기하고 있지만, 두 사람은 우리와 같이 육체 안에 있는 사람이 아니었습니다. 우리도 만일 육체 안에 있지 않고 예수님과 함께 신령한 세계에 거한다면 정말 놀라운 하나님의 은혜를 맛볼 수 있을 것입니다.

예수님이 우리 속에 하고 싶으신 일이 있습니다. 우리가 육체 안에서 사는데, 믿음으로 우리 마음이 육체에서 벗어나길 바라십니다. 육체에서 벗어나는 믿음의 세계를 가르쳐주길 원하십니다.

기도한 대로 배가 나았다고 믿으면…

저는 하나님께서 내 안에 살아 일하셔서 인간적으로는 불가능한 일을 이루시는 것을 여러 번 보았습니다. 그런 일들을 경험할 때마다 얼마나 놀라운지 모릅니다.

20여 년 전에 제가 위궤양에 걸려서 굉장히 고통스러웠습니다. 무슨 음식을 먹어도 설사가 나고 속이 쓰렸습니다. 설사가 나고 고통스러우니까 자연히 먹는 것을 조심하게 되고, 나중에는 죽만 먹었습니다. 그런데도 설사가 났습니다. 의사 선생님이 밥 한 숟가락을 백 번을 씹으라고 했습니다. 건강할 때에는 의사의 말에 별 관심을 갖지 않지만 아프면 들을 수밖에 없습니다. 밥을 한 숟가락 입에 넣고 씹으면, 스무 번쯤 씹으면 남는 것이 없었습니다. 그래도 배가 너무 아프니까 백 번을 세면서 씹었습니다.

위궤양으로 석 달을 고생하니 70킬로그램이던 체중이 7킬로그램이 빠졌습니다. 바지도 헐렁하고 양복도 헐렁하고, 생활하는 것이 다 힘들었습니다. 어느 날 새벽에 일어나 기도를 드렸습니다.

"하나님, 배가 너무 아픕니다. 배를 낫게 해주십시오. 이 몸을 가지고는 제가 올 여름 행사들을 도저히 할 수 없을 것 같습니다."

그때 마음에서 성경 한 구절이 떠올랐습니다. 마가복음 11장 24절이었습니다.

"그러므로 내가 너희에게 말하노니 무엇이든지 기도하고 구하는 것은 받은 줄로 믿으라. 그리하면 너희에게 그대로 되리라."(막 11:24)

기도하다가 깜짝 놀라 성경을 펴서 읽어보았습니다. 제가 잘 알고 있던 말씀이었는데 그날처럼 마음에 깊이 와 닿은 적은 없었습니다. 그날 이 말씀을 하나하나 정확히 따져 보았습니다.

먼저 예수님이 "무엇이든지 기도하고 구하는 것은 받은 줄로 믿으라." 하셨습니다. 제가 "하나님, 배가 아픕니다. 배를 낫게 해주십시오."라고 기도하는 것은 쉬웠습니다. 그 뒤에 기도한 것을 받았다고 믿으라는 것입니다. 제가 배를 낫게 해달라고 기도했으면 나은 줄로 믿으라는 것입니다. 그러면 그대로 된다는 것입니다. '내가 배를 낫게 해달라고 기도한 뒤 다 나았다고 믿기만 하면 되는구나.' 말씀대로 하면 배가 쉽게 나을 수 있었습니다. 그래서 기도하고 나았다고 믿었습니다.

그런데 문제가 생겼습니다. 그동안 저는 신 것, 짠 것, 매운 것 등 위장을 자극하는 음식을 먹으면 큰 문제가 일어났습니다. 당연히 김치도 먹지 못하고 된장찌개도 먹지 못했습니다. 물론 밥도 먹지 못했습니다. 식사 시간이 되면 화가 났습니다. 다른 사람은 여러 음식을 먹는데 저는 죽 조금과 장조림 몇 개가 전부였습니다. 그런데 기도한 대로 배가 나았다고 믿으면 밥도 먹고, 김치도 먹고, 된장찌개도 먹어야 했습니다. 그동안 김치를 먹지 못한 이유가 배가 아팠기 때문이기에, 이제 배가 나았다면 김치를 얼마든지 먹을 수 있었습니다. 그런데 김치를 먹으면 배가 터져서 죽을 것 같았습니다.

아픈데 나았다고 하는 것은 말이 안 되는 소리지만

그날 마가복음 11장 24절 말씀을 수없이 읽으면서 계속 생각했습니다. '내가 이 말씀대로 배가 나았다고 믿고 김치를 먹으면 어떻게 될 것인가? 몹시 고통스러울 것인가, 배가 터질 것인가? 아니면 나을 것인가?' 많은 생각이 들었습니다. 성경에는 기도한 대로 믿으면 그대로 된다고 했지만 그렇게 되지 않으면 어떡할지 생각이 되었습니다. 오래 생각한 끝에 성경 말씀을 믿기로 했습니다.

'하나님은 거짓말하시지 않아. 기도하고 구하는 것을 받은 줄로 믿으면 그대로 된다고 했어. 이 말씀대로 돼.'

그날 아침 마음을 정하고 하나님께 기도했습니다.

"하나님, 배가 아픕니다. 낫게 해주십시오."

그러고 난 뒤 다시 기도했습니다.

"하나님, 감사합니다. 제 배가 다 나았습니다."

잠시 후, 아침 식사 때가 되었습니다. 우리 집에 손님이 많이 와서 아내가 식탁에 음식을 많이 차렸습니다. 한쪽 끝에 저 먹으라고 죽 조금과 김 몇 장이 놓여 있었습니다. 제가 식탁 가운데 앉아 밥을 한 그릇 잡고 먹었습니다. 김치도 먹고 된장찌개도 먹었습니다. 아내가 음식을 나르다가 밥을 먹고 있는 저를 보고 깜짝 놀랐습니다.

"당신 어쩌려고 그래요?"

제가 웃으면서 말했습니다.

"걱정하지 마요. 내 배 다 나았어요."

식사를 마치고 배가 아파오기 시작했습니다. 견딜 수 없어서 화장실로 갔습니다. 설사가 나고 배가 너무 아팠습니다. '이러다 위장이 터져서 죽는 거 아냐?'라는 생각이 들었습니다. 그 생각에 끌려가고 싶지 않았습니다. '내가 배를 낫게 해달라고 기도했고, 하나님이 기도를 들어주실 것을 믿었어. 그러면 나은 거야. 내 배는 다 나았어.'

사탄이 다시 생각을 주었습니다.

'배가 나았다면 안 아파야지. 너는 지금 아프잖아. 설사가 나고 고통스럽잖아. 이거 나은 게 아냐. 나았다면 배가 안 아파야지. 설사를 안 해야지.'

당시 내 상태만 보면 배가 낫지 않은 게 맞았습니다. 그런데 성경은 마가복음 11장 24절에서 뭐라고 말합니까? **"무엇이든지 기도하고 구하는 것은 받은 줄로 믿으라. 그리하면 너희에게 그대로 되리라."** 기도한 것을 받은 줄로 믿으면 그대로 된다고 했습니다. 제가 다시 마음에서 말했습니다.

'나는 하나님께 아픈 배를 낫게 해달라고 기도드렸어. 그리고 기도한 대로 내 배가 나았다고 믿었어. 그러면 성경 말씀대로 내 배는 나은 거야. 아프지만 나은 거야.'

저는 눈에 보이는 것을 믿고 하나님의 말씀을 믿지 않을 때가 많았습니다. 하나님은 그런 나를 하나님의 말씀을 믿도록 이끌어 주셨습니다. 그날 마음에서 많은 생각이 오갔습니다. '배가 아픈데 그게 어떻게 나은 거냐?'라는 생각도 일어나고, 성경 말씀대로 내 배는 나았다는 마음도 들었습니다.

제가 여전히 설사를 하고 있으니, 형편을 보면 배가 낫지 않은 것이 맞았습니다. 아프지 않아야 나은 것이지 아픈데 나았다고 하는 것은 말이 안 되는 소리였습니다. 그런데 그런 내 생각보다 성경 말씀이 더 맞습니다. 성경보다 내 생각이 더 옳다면 내 생각을 따르고 내 결정을 따를 것입니다. 그러나 성경이 내 생각보다 옳으면 내 생각을 따르지 않고 성경 말씀을 따릅니다. 내 생각과 성경 말씀이 다를 때, 내 생각을 믿는 것이 아니라 성경 말씀을 믿습니다.

저는 성경을 믿겠다고 마음을 이미 정했습니다. 그러니까 마음에서 선이 분명히 그어졌습니다.

'지금 배가 아파. 그러나 성경은 다르게 이야기해. 기도하고 구한 것을 받은 줄로 믿으면 그대로 된다고 했어. 나는 배를 낫게 해달라고 기도했고, 받은 줄로 믿었어. 그러니 그대로 되어서 내 배는 나았어.'

하나님은 우리가 할 수 없는 일도 이루신다

화장실에서 설사를 하면서 마음에서 다시 분명히 선을 그었습니다. 내 배는 이미 다 나았다고 다시 한 번 믿었습니다. 점심때에도 밥을 한 그릇 먹었습니다. 밥을 다 먹고 숟가락을 내려놓자 다시 배가 아파서 화장실로 달려가 설사를 했습니다. 그러나 내 배가 나았다는 사실은 여전했습니다.

그날 저녁에는 오래 전에 초대받은 식사 자리에 갔습니다. 하얏트호텔 뷔페식당으로, 음식이 360가지가 있다고 했습니다. 뷔페식당에 도착해서 '나는 배가 아프니까 죽이나 조금 먹고 말아야지'라고 생각했습니다. 그러다가 '아니지, 내 배가 다 나았지'라는 생각이 들었습니다. 그날 음식을 얼마나 많이 먹었는지 접시를 다섯 개 비웠습니다.

불룩해진 배로 차를 운전해서 집으로 돌아왔습니다. 그날 저녁에는 설사를 하지 않았습니다. 이튿날 아침에 잠에서 깼을 때 내 배가 깨끗하게 나았다는 사실을 느낄 수 있었습니다. 정말 놀라웠습니다.

하나님은 제 삶 속에서 인간적으로 불가능한 일들을 많이 하셨습니다. 하나님은 인간인 우리가 이해할 만한 일들이나 인간의 능력으로 가능한 일만 하시는 분이 아닙니다. 우리가 할 수 없는 일, 불가능한 일도 이루십니다. 여러분이 그 하나님을 믿게 되기를 바랍니다. 그러면 하나님이 우리에게 놀라운 변화를 일으키실 수 있습니다. 정말 놀라운 일이 일어납니다.

80강

주의 제자들에게
데리고 왔으나

"저희가 무리에게 이르매 한 사람이 예수께 와서 꿇어 엎드리어 가로되 '주여, 내 아들을 불쌍히 여기소서. 저가 간질로 심히 고생하여 자주 불에도 넘어지며 물에도 넘어지는지라. 내가 주의 제자들에게 데리고 왔으나 능히 고치지 못하더이다.' 예수께서 대답하여 가라사대 '믿음이 없고 패역한 세대여, 내가 얼마나 너희와 함께 있으며 얼마나 너희를 참으리요. 그를 이리로 데려오라' 하시다. 이에 예수께서 꾸짖으시니 귀신이 나가고 아이가 그때부터 나으니라."(마 17:14~18)

예수님께서 세 제자와 함께 높은 산에 올라가셨을 때 예수님의 몸과 옷이 변화되고, 모세와 엘리야와 함께 이야기를 나누셨습니다. 잠시 후 모세와 엘리야는 사라지고, 예수님은 제자들과 함께 산에서 내려오셨습니다. 그때 한 사람이 예수님 앞에 나와 꿇어 엎드려 간구했습니다.

"주여, 내 아들을 불쌍히 여기소서. 저가 간질로 심히 고생하여 자주 불에도 넘어지며 물에도 넘어지는지라. 내가 주의 제자들에게 데리고 왔으나 능히 고치지 못하더이다."

당신이 가지셨던 모든 것을 우리에게 남겨주고 가셨다

예수님은 이 세상에 33년을 계셨습니다. 30년이 지나기까지는 갈릴리 나사렛에서 조용히 목수 일을 하셨습니다. 서른 살이 되었을 때부터 나사렛을 떠나 갈릴리 바다를 중심으로 주위에 있는 가버나움, 벳새다 등을 다니면서 하나님의 말씀을 전하셨습니다. 그렇게 시간을 보내고 예루살렘으로 가서 말씀을 전하시다가 십자가에 못박혀 죽으셨습니다.

예수님이 사흘 만에 부활하신 뒤 하나님께로 올라갈 때 우리에게 선물을 주셨다고 성경은 이야기하고 있습니다. 각 사람에게 은사를 주었다고 했습니다. 예수님께서 위로 올라가실 때, 이 땅에서 쓰시던 여러 가지 도구들을 가지고 가신 것이 아니라 땅에 있는 우리에게 나눠주셨습니다. 당신이 가지셨던 모든 것을 우리에게 남겨주고 가셨습니다. 능력을 비롯해 예수님이 가시진 모든 것을 우리에게 선물로 주고 가셨습니다.

예수님은 하늘로 올라가셨지만, 땅에 남은 우리도 예수님과 똑같이 일할 수 있도록 하고 가셨습니다. 우리가 우리 자신을 보면 불가능한 일이 많습니다. 우리 삶에는 여러 가지 문제들이 있습니다. 마태복음은 예수님이 이 땅에서 그런 문제들 앞에서 어떻게 행하셨는지 자세히 기록해 놓았습니다. 그리고 예수님이 하신 것처럼 우리도 그 일을 할 수 있도록 우리에게 은사를 다 주고 가셨다고 했습니다.

예수님이 병을 고치셨으면 우리도 병을 고칠 수 있게 하셨고, 예수님이 죽은 자를 살리셨으면 우리도 죽은 자를 살릴 수 있게 하셨습니다. 사도행전에서 베드로가 죽은 도르가를 살리는 것을 볼 수 있습니다. 예수님에게 있던 능력이 베드로를 통해서도 그대로 나타났습니다.

당신의 영감靈感이 갑절이나 내게 있기를 구하나이다

구약 성경에 '열왕기하'가 있습니다. 열왕기하는 구약의 사도행전과 같습니다. 사도행전은, 예수님이 제자들과 함께 계시다가 승천하신 뒤 예수님에게 있는 능력이 제자들에게 나타나 제자들이 하나님의 능력으로 복음을 전하는 이야기입니다. 열왕기하를 보면, 엘리야라는 하나님의 종이 회리바람을 타고 승천했습니다. 그 일이 있기 전에 엘리야가 제자인 엘리사에게 말했습니다.

"하나님이 나를 취하시기 전에 내가 너에게 무엇을 어떻게 해줄지 구하라."

엘리사가 대답했습니다.

"당신의 영감이 갑절이나 내게 있기를 구하나이다."

엘리야가 말했습니다.

"네가 어려운 일을 구하는도다. 그러나 나를 네게서 취하시는 것을 네가 보면 그 일이 네게 이루어지려니와, 그렇지 않으면 이루어지지 않으리라."

두 사람이 길을 가며 이야기를 주고받는데 갑자기 불말들과 불병거가 나타나 두 사람을 떨어뜨리고, 엘리야가 회리바람을 타고 하늘로 올라갔습니다. 엘리사가 그 광경을 보고 소리쳤습니다.

"내 아버지여! 내 아버지여! 이스라엘의 병거와 그 마병이여!"

그때 엘리야가 겉옷을 떨어뜨리고 갔습니다. 엘리사가 자기 옷을 찢고, 엘리야의 몸에서 떨어진 겉옷을 들고 요단 언덕으로 돌아와 요단강 앞에 섰습니다. 그가 "엘리야의 하나님 여호와는 어디 계시니이까?" 하며 엘리야의 옷으로 강물을 치자 물이 좌우로 갈라져, 엘리사가 요단강을 건넜습니다.

사람들이 엘리야에게 있던 능력이 엘리사에게 임한 것을 보았습니다. 성경을 보면, 엘리야가 하나님의 권능을 행한 것도 크지만 엘리사는 엘리야보다 더 큰 권능을 행했습니다.

우리가 예수님을 믿는 제자일진대, 예수님이 하신 일도 하지만 그보다 더 큰 권능도 행할 수 있다고 성경은 우리에게 이야기하고 있습니다. 정말 놀라운 사실이 아닐 수 없습니다. 제가 어느 날 성경을 읽다가 '내가 예수님이 행하신 모든 권능을 가지고 있구나'라는 마음이 들었습니다. 나 자신을 보면, 구원받기 전의 나는 연약하고 부족하고 형편없는 인간이었습니다. 구원받은 후로도 '나는 너무 부족해. 성경도 잘 모르고 기도도 잘 못하고 육신적이고 정욕적이야. 이런 나에게 하나님이 일하실 수 있겠어?'라는 생각을 가지고 있었습니다. 다른 형제들을 보면 신령해 보이지만 나는 그렇지 못하다고 생각했습니다.

하나님의 말씀을 본 것이 아니라 내 모습을 보았습니다.

형편을 보면, 보리떡 다섯 개로 오천 명을 어떻게 먹입니까? 형편을 보면, 풍랑이 이는 바다를 어떻게 걸어갑니까? 형편을 보면, 나사로가 어떻게 살아납니까? 말도 안 되는 이야기들입니다. 그런데 성경은 그렇게 말하고 있습니다. 예수님에게 있던 권능을 우리에게 다 주었다고 말합니다.

제가 성경 말씀을 마음에 받아들이기 시작했습니다. 성경에 기록된 말씀들이 믿음으로 하나하나 내 안에 들어오기 시작했습니다. 예수님의 말씀은 곧 예수님의 마음입니다. 놀라운 사실은, 말씀이 믿어질 때마다 그 말씀이 내 안에서 일했습니다. 내가 전에 전혀 갖지 못했던 새로운 세계를 형성해 갔습니다.

하나님의 영이 우리 안에 거하시면…

저는 마태를 만난 적이 없습니다. 마태가 쓴 마태복음 안에서 마태를 만나고, 예수님을 만납니다. 마태복음을 통해서 내 마음이 예수님을 만나고, 2천 년 전에 행하셨던 예수님이 내 안에 그대로 살아 일하시겠다는 믿음이 내 안에 만들어졌습니다.

한편으로는 의심이 일어났습니다. '이렇게 믿어도 괜찮나? 내가 예수님과 같아? 말이 안 되잖아. 내가 어떻게 예수님과 같아? 나는 부족하고 연약하잖아.' 그러면 다시 성경을 펴고 생각해 보았습니다. 예수님은 하나님이 인간의 몸을 입고 오신 분입니다. 예수님의 몸은 우리와 똑같은 몸이었습니다. 제가 성경을 자세히 살펴보았습니다. 예수님은 배가 고프셨고, 피곤하셨고, 십자가에 못박혀 피를 흘리셨고, 결국 죽으셨습니다. 예수님도 음식을 드셔야 했고 밤이 되면 주무셔야 했습니다.

예수님은 하나님이 인간의 몸을 입으신 분이고, 구원받은 우리는 몸을 가지고 태어나서 하나님이신 예수님을 마음에 모신 사람들입니다. 순서에 차이가 있지만, 예수님과 우리가 똑같이 육체를 가지고 있고 똑같이 몸 안에 하나님이 계십니다. 이 사실을 믿을 때 우리가 예수님과 똑같은 일을 할 수 있는 조건을 다 갖추었다는 사실을 알게 됩니다.

여러분이 예수님을 믿는 마음으로 십자가를 바라보면 '십자가에서 내 모든 죄가 해결되었어. 내 죄가 다 씻어졌어. 성경이 그렇게 말해. 성경이 나를 의롭다고 해. 내가 의롭게 되었어'라는 마음이 듭니다. 우리가 자신을 보면 의롭지 않은 것처럼 보이고, 아직 더럽고 악한 것처럼 보일 때가 있습니다. 그러나 성경은 우리가 의롭다고 하고 거룩하다고 합니다.

엘리야 속에서 일하셨던 하나님이 엘리사 속에 그대로 나타나셨습니다. 예수님 안에서 일하셨던 하나님의 영이 우리 마음에 들어와 계신다면 우리 또한 예수님과 똑같이 일할 수 있습니다. 로마서 8장 말씀이 내 마음에 용기를 북돋아 줍니다.

"예수를 죽은 자 가운데서 살리신 이의 영이 너희 안에 거하시면, 그리스도 예수를 죽은 자 가운데서 살리신 이가 너희 안에 거하시는 그의 영으로 말미암아 너희 죽을 몸도 살리시리라."(롬 8:11)

예수님을 죽은 자 가운데서 살리신 하나님의 영이 우리 안에 거하십니다. 그 영이 역사하십니다. 전에 제가 내 생각을 가지고 살다가 내 생각을 버리고 예수님의 말씀을 받아들이자 그때부터 내 안에 예수님이 살아 일하시기 시작했습니다. 성경은 '네가 공부를 얼마나 잘 했느냐? 얼마나 많은 지식을 가지고 있느냐? 네 정신이 얼마나 건전하냐? 그에 따라 하나님이 네게 일하시리라'라고 말씀하지 않습니다. **"예수를 죽은 자 가운데서 살리신 이의 영이 너희 안에 거하시면, 그의 영으로 말미암아"**라고 말합니다.

이 병실에 내가 오지 않고 예수님이 오셨다면

한번은 저에게 전화가 왔습니다.

"목사님, 여기 전주인데요. 김충환 형제가 암에 걸려서 병원에 입원해 있습니다. 상태가 많이 나빠져서 의사는 2~3일을 넘기기 힘들다고 합니다."

제가 그 이야기를 듣고 가슴이 아팠습니다. 마침 다음날 광주에 가야 할 일이 있었습니다. 전주를 지나서 광주로 가기에 아내에게 말했습니다.

"여보, 우리 광주에 갈 때 한 시간 일찍 갑시다. 전주에 들러 김충환 형제를 만나고 갑시다."

다음날 아내와 아들과 함께 한 시간 일찍 출발해서 전북대병원에 찾아갔습니다. 병실 문을 열고 들어가니, 병실 안에 있는 사람들의 마음을 죽음이 이미 정복했습니다. 형제는 침대에 누워 있는데 죽었는지 살았는지 기척이 없었습니다. 침대 앞에는 형제 어머니가 눈물을 줄줄 흘리고 있었습니다. 침대 뒤편에는 형제 아내가 서서 입을 다물고 있었습니다. 제가 병실 문을 열고 들어가자 잠시 쳐다보고 아무

반응이 없었습니다. 죽음의 그림자가 이미 그분들 마음을 뒤덮은 뒤였습니다.

제가 생각했습니다. '이 병실에 내가 오지 않고 예수님이 오셨다면 어떤 일이 일어날까? 예수님이 형제와 이런저런 이야기를 하시다 그냥 가실까?' 절대로 그렇지 않을 것이었습니다. 형제를 살리실 것이라는 마음이 들었습니다. 그때 '내 안에 예수님이 계시잖아'라는 마음이 들었습니다.

제가 큰소리로 말했습니다.

"김 형제, 눈 좀 떠봐!"

"예...... 목사님......"

"의사는 김 형제가 며칠 못 산대. 그런데 그건 형편이야. 내 이야기 잘 들어봐. 전기는 전선을 통해 흘러. 전선만 연결하면, 착한 사람 집이든 악한 사람 집이든 좋은 집이든 나쁜 집이든 들어가서 세탁기를 돌리고 텔레비전이 나오게 해. 하나님의 능력은 마음에서 마음으로 흘러. 자네 마음이 하나님의 마음과 연결만 되면, 하나님의 능력이 자네 속에 들어와. 그러면 그 병 아무 문제가 아냐.

예수님이 여기 오시면 형제를 못 본 체하시고 그냥 가시겠어? 성경 신명기에 보니까, 하나님이 '형제의 나귀나 소가 길에 넘어진 것을 보거든 못 본 체하지 말라'고 하셨어. 하나님은 보고도 못 본 체하시는 것을 가장 싫어하시는 분이야. 그런데 예수님이 형제가 죽어가는 것을 보고 못 본 체하시겠어? 그렇지 않아. 반드시 형제를 살리실 거야.

지금 예수님이 형제를 살리기를 원하셔, 안 원하셔? 원하셔. 그게 예수님의 마음이야. 예수님은 형제를 살리기 원하시는데 형제는 '나는 죽겠구나' 하면 마음이 같아, 달라? 다르잖아. 예수님과 같은 마음을 가져야 해. 형제도 '그래, 예수님이 나를 살리기 원하셔. 그러면 내가 살아' 하면 예수님과 마음이 같아져. 예수님과 형제 마음이 하나가 되면 형제 병이 예수님의 문제가 돼. 그러면 그 병 아무것도 아냐. 이해가 가?"

이야기를 마치고, "하나님, 형제에게 은혜를 베풀어 주십시오. 병에서 낫게 해주십시오."라고 기도한 뒤 병실에서 나왔습니다.

열흘쯤 지나 아침을 먹고 있는데 전화가 왔습니다.

"여보세요."

"목사님, 저 김충환 형제입니다."

목소리에 힘이 있었습니다.

"아, 김 형제. 그래, 지금 어때?"

"목사님, 저 오늘 퇴원합니다. 의사가 다 나았다고 합니다. 제 몸에 암세포가 하나도 없답니다."

형제가 건강해졌습니다. 그 후 형제가 공도 차고 교회마다 다니면서 간증도 했습니다. 얼마나 감사한 일인지 말로 다 할 수 없습니다.

하나님이 모든 것을 은사로 주셨다고, 성경에 기록되어 있다

예수님께서 우리 안에서 이렇게 일하십니다. 예수님이 세상에 계실 때 하셨던 일과 똑같은 일을 우리 가운데에서 이루십니다. 예수님은 하늘로 올라가실 때 우리를 그냥 놔두고 가신 것이 아닙니다.

우리에게는 능력이 없는 것 같습니다. 양복 주머니에도 없고, 바지 주머니에도 없습니다. 손으로 만질 수도 없고 눈에 보이지도 않습니다. 그러나 하나님께서 모든 것을 은사로 주셨다고 성경에 기록되어 있습니다. 그렇다면 우리에게 능력이 있습니다. 하나님이 우리 속에 살아 역사하십니다. 우리가 그것을 믿는 마음을 갖는 것입니다.

하나님이 우리 가운데 놀랍게 일하시는 것이 얼마나 감사한지 모릅니다. 예수님께서 귀신 들린 자를 고치셨습니다. 우리는 왜 그런 사람을 못 고칩니까? 고칠 수 있습니다. 예수님이 하신 것과 똑같이 우리도 할 수 있다고 성경은 이야기합니다. 믿으면 하나님께서 우리 안에서 능력으로 일하실 줄 믿습니다.

81강

믿음이 없고
패역한 세대여

"예수께서 대답하여 가라사대 '믿음이 없고 패역한 세대여, 내가 얼마나 너희와 함께 있으며 얼마나 너희를 참으리요? 그를 이리로 데려오라' 하시다. 이에 예수께서 꾸짖으시니 귀신이 나가고 아이가 그때부터 나으니라. 이때에 제자들이 종용히 예수께 나아와 가로되 우리는 '어찌하여 쫓아내지 못하였나이까?' 가라사대 너희 믿음이 적은 연고니라…."(마 17:17~20)

자신들이 귀신을 쫓아내려고 했기 때문에

예수님이 변화산에 계실 때, 어떤 사람이 귀신 들린 아들을 데리고 산 아래에 있던 제자들에게 와서 고쳐달라고 했습니다. 제자들이 귀신을 쫓아내려고 했지만 할 수 없었습니다. 예수님이 변화산에서 내려오시자, 아이의 아버지가 예수님께 와서 꿇어 엎드려 은혜를 구하며 "아들을 주의 제자들에게 데리고 왔으나 능히 고치지 못하더이다."라고 했습니다. 그때 예수님이 이렇게 말씀하셨습니다.

"믿음이 없고 패역한 세대여, 내가 얼마나 너희와 함께 있으며 얼마나 너희를 참으리요?"

우리가 아는 대로 예수님은 하나님이십니다. 하나님이 우리와 같은 인간의 몸을 입고 이 세상에 오신 것은, 우리 안에 하나님의 능력을 넣어 주시고 우리를 하나님과 같게 변화되도록 하기 위함이었습니다. 예수 그리스도가 가진 모든 것을 믿음으로 우리도 소유할 수 있습니다.

제자들은 예수님으로 말미암지 않고 자신들이 귀신 들린 아이에게서 귀신을 쫓아내려고 했기 때문에 할 수 없었습니다. 그래서 예수님께서 "믿음이 없고 패역한 세대여"라고 말씀하셨습니다. 우리가 믿음을 가지면, 우리는 능력이 없지만 우리 안에서 예수님의 능력이 역사합니다.

성경에 기록된 이런 말씀이 우리 마음에 들어오면

우리는 다 죄를 지은 죄인이었습니다. 믿음이 없는 사람은 자신이 지은 죄를 스스로 씻기 위해 애쓰며 괴로워합니다. 죄는 인간이 씻을 수 없기 때문입니다. 예수님을 믿음으로 죄가 씻어지는데, 많은 사람들이 자신이 죄를 해결하려고 발버둥 치기 때문에 죄가 씻어지지 않습니다.

만일 우리가 죄를 씻을 수 있다면 예수님이 십자가에 못박혀 죽으실 필요가 없습니다. 우리 힘으로 죄를 씻지 못하기 때문에 예수님이 우리 대신 우리 죄를 짊어지고 죽으셨습니다. 예수님이 십자가에 못박혀 죽으심으로 우리 모든 죄가 씻어졌습니다.

우리는 예수 그리스도를 믿습니다. 무엇을 어떻게 믿습니까? 예수님이 우리 죄를 씻기 위해 이 땅에 오신 것을 믿습니다. 우리 죄를 대신 짊어지시고 십자가에 못박혀 죽으신 것을 믿습니다. 예수님의 죽음으로 우리 죄가 다 씻어졌다는 사실을 믿습니다. 로마서 4장 25절의 **"예수는 우리 범죄함을 위하여 내어줌이 되고, 또한 우리를 의롭다 하심을 위하여 살아나셨느니라."**라는 말씀대로 예수님이 우리를 의롭다 하시기 위해 살아나신 것을 믿습니다.

예수님은 부활하신 뒤에도 옆구리에 창 자국이 그대로 남아 있고 손에 못 자국이 남아 있었습니다. 그것은 우리 죄의 값을 지불하기 위해 당한 죽음의 흔적입니다. 예수님이 우리에게 이렇게 말씀하실 것입니다.

"여기 못 자국을 봐. 이 자국은 내가 너희 죄를 씻기 위해 십자가에 못박힌 증거야. 여기 창 자국을 봐. 이 자국은 너희가 받아야 할 죄의 벌을 내가 대신 받았다는 증거야. 너희 죄에 대한 심판이 십자가에서 끝났어. 내가 십자가에 못박혀 죽어서 너희들이 지은 모든 죄를 하나도 남기지 않고 깨끗이 씻었어. 그래서 너희가 의롭고 거룩하게 되었어."

우리가 이런 예수님의 말씀을 마음에 받아들이는 것입니다. 예수님이 내 죄를 씻으신 것을 받아들이면 됩니다. '예수님이 내 죄를 씻기 위해 십자가에 못박혀 죽으셨구나. 그럼 내 죄가 다 씻어졌네.' 그것이 믿음입니다.

성경은 예수님이 우리 죄를 다 씻으셨다는 사실을 이야기합니다. 이 말씀을 마음에 받아들일 때 우리 안에 '그러면 내 죄가 씻어졌구나'라는 마음이 생깁니다.

노아의 홍수 때, 어느 날 하나님이 노아에게 말씀하셨습니다. "사람의 죄악이 세상에 관영해. 그 끝날이 이르렀어. 내가 세상을 홍수로 멸할 거야. 호흡하는 모든 것이 죽을 거야. 너는 잣나무로 너를 위하여 방주를 만들어라." 그 전에 노아의 마음에는 홍수가 없었습니다. 노아가 하나님의 말씀을 듣고 하나님의 마음에 있던 홍수가 노아의 마음에도 들어왔습니다. 노아가 하나님의 말씀을 받아들이지 않으면 노아 마음에는 홍수가 없습니다. 하나님의 말씀을 그대로 받아들이니까 홍수가 하나님의 마음에만 있는 것이 아니라 노아의 마음에도 있었습니다.

노아가 세상을 보는 눈이 이전에 보던 것과 전혀 달랐습니다. 전에는 과수원이 멋있게 보였습니다. 그런데 이제는 다 물에 잠길 것이었습니다. 멋지고 웅장하게 보였던 집도 물에 잠길 것이었습니다. 들판에서 뛰노는 양떼들도 물에 쓸려갈 것이었습니다. 노아 마음이 슬펐습니다. 노아가 사람들에게 외치기 시작했습니다.

"여러분, 세상에 죄악이 관영한 것을 알고 있지요? 하나님이 세상을 물로 심판하려고 하십니다. 홍수가 오기 전에 방주를 만듭시다."

사람들은 노아가 한 이야기를 받아들이지 않았습니다. 그러니까 노아 마음에는 홍수가 있는데 사람들의 마음에는 없었습니다. 그들은 오히려 노아를 비웃었습니다.

"노아가 미쳤어. 세상을 뒤덮을 홍수가 난다는 게 말이 돼? 무슨 그 많은 비가 온다고 산 위에 방주를 짓고 있어?"

마음에 하나님의 말씀이 있는 사람과 없는 사람의 차이입니다.

지금도 노아 때와 똑같습니다. 예수님이 그 아들 예수 그리스도를 세상에 보내셨습니다. 예수님이 십자가에 못박혀 우리 죄를 다 씻으셨습니다. 성경에 기록된 이런 말씀이 우리 마음에 들어오면 죄가 다 씻어져서 의롭게 되었다는 마음이 듭니다. 그런데 말씀을 마음에 받아들이지 않으니까 죄 때문에 고민하고 갈등하고 괴로워합니다. 우리가 복음을 마음에 받아들일 때 어떤 일이 일어납니까? '아, 내 죄에 대한 심판이 끝났구나. 죄가 다 씻어졌구나' 하고 마음이 심판과 죄에서 벗어납니다.

히브리서 10장 10절에서 말했습니다.

"이 뜻을 좇아 예수 그리스도의 몸을 단번에 드리심으로 말미암아 우리가 거룩함을 얻었노라."(히 10:10)

성경은 우리가 거룩함을 얻었다, 곧 거룩해졌다고 말합니다. 무엇 때문입니까? 예수 그리스도의 몸을 드리심으로 말미암아 죄가 다 씻어져 거룩해졌습니다. 이 말씀을 마음에 받아들이면 '아, 내가 거룩해졌구나' 합니다. 말씀을 받아들이지 않으면 '죄를 짓고 사는 내가 어떻게 거룩해? 말도 안 돼' 합니다.

믿음이 없고 패역한 세대여

예수님이 말씀하시길 "믿음이 없고 패역한 세대여"라고 했습니다.

패역하다는 것은 하나님의 말씀을 믿지 않는다는 것입니다. 예수님의 피로 죄가 씻어졌다는 말씀을 믿지 않아 마음이 죄에서 벗어나지 못하고 죄 가운데 있다는 것입니다.

예수님은 믿음이 없는 것을 책망하셨습니다.

"믿음이 없고 패역한 세대여, 내가 얼마나 너희와 함께 있으며 얼마나 너희를 참으리요?"

예수님이 아이에게서 귀신을 쫓아내신 뒤 제자들이 물었습니다.

"우리는 어찌하여 쫓아내지 못하였나이까?"

예수님께서 믿음이 적은 연고라고 말씀하셨습니다. 믿음이 적다는 것은, 어떤 것은 믿는데 어떤 것은 믿지 않는다는 말입니다. 예수님이 하신 말씀들을 그대로 받아들이면 제자들 안에서 예수님이 일하시기 때문에 예수님처럼 귀신을 쫓아낼 수 있는데, 받아들이지 않은 말씀이 많아서 예수님처럼 일하지 못한다는 것입니다.

사도행전 16장에 보면 사도 바울이 빌립보에서 복음을 전합니다. 그때 점하는 귀신 들린 여자가 바울과 일행을 쫓아와서 "이 사람들은 지극히 높은 하나님의 종으로 구원의 길을 너희에게 전하는 자라!"라고 소리를 질렀습니다. 귀신 들린 여자가 시끄럽게 떠드니까 바울이 그곳 사람들에게 복음을 전하려는 분위기가 다 망가져버렸습니다.

바울이 다음날 전도하러 나가면서 '오늘은 귀신 들린 여자를 만나지 말아야 하는데…. 어제 복음을 막 전하려고 할 때 그 여자가 떠들어 분위기가 이상해져서 복음을 제대로 전할 수 없었어'라고 생각했습니다. 전날과 다른 장소에 가서 복음을 전했습니다. 그런데 그 여자가 바울이 있는 곳을 귀신처럼 알고 찾아왔습니다. 바울이 전도하고 있는데 사람들에게 "이 사람은 구원의 길을 전하는 자다!" 하고 시끄럽게 소리쳤습니다. 바울이 너무 괴로웠습니다.

　바울이 귀신 들린 사람에게서 귀신을 쫓아낼 수 있는 능력이 자신에게 있다는 사실을 몰랐습니다. 그래서 심히 괴로워했습니다. 처음부터 알았으면 바로 귀신을 쫓아낼 텐데, 바울이 귀신 들린 여자 때문에 괴로움을 많이 겪다가 견딜 수 없어서 그 여자 안에 있는 귀신에게 나오라고 명했습니다. 그러자 귀신이 바울에게 꼼짝 못하고 그 여자에게서 나왔습니다. 여자가 정신이 온전하게 되어 바울 앞에 섰습니다. 바울이 깜짝 놀라 '내가 말해도 귀신이 쫓겨나는구나. 나에게 하나님이 역사하고 계시네. 내 속에 하나님이 일하고 계시네' 하며 너무 감사했습니다.

　그 후로는 바울이 귀신을 쫓아내는 것이 문제가 되지 않았습니다. '내가 쫓아낸 것 아니야. 내 안에 하나님이 계시는데 하나님은 능치 못한 일이 없으셔. 그러니 뭐가 문제가 돼?' 하고 바울이 담대해졌습니다.

우리가 자신을 믿는 것이 아니라 예수님을 믿는 것

사도 바울만 그렇게 할 수 있습니까? 그렇지 않습니다. 예수님이 우리 죄를 사하셨고, 그 사실을 믿는 우리와 같이 계십니다. 그러니까 우리가 '나는 귀신을 못 쫓아내지만 내 안에 계신 예수님은 능히 귀신을 쫓아내. 내 안에서 예수님이 역사하셔' 하고 믿으면, 그 믿음대로 하나님이 우리 속에서 능력으로 역사하십니다. 반대로 우리가 믿음을 갖지 못하면 하나님이 우리를 통해 일하실 수 없습니다.

요한복음 5장에는 38년 된 병자가 나옵니다. 예수님이 그에게 "일어나 네 자리를 들고 걸어가라." 하셨습니다. 예수님이 그렇게 말씀하신 그때, 그 병자가 자리를 들고 걸어갈 수 있도록 모든 준비가 되어 있는 것입니다. 예수님이 하신 말씀을 듣고 일어나서 걸어가면 됩니다. '나는 못 걸어. 오랫동안 누워만 있는 내가 어떻게 걸어가? 내 다리는 다 말라서 걸을 수가 없어.' 이런 마음을 가지면 예수님의 말씀을 믿을 수 없기 때문에 걸을 수 없습니다.

우리가 자신을 믿는 것이 아니라 예수님을 믿는 것입니다. '나는 부족한 것이 맞아. 연약한 것도 맞고. 그러나 예수님이 같이 계시잖아. 예수님이 능치 못하신 일이 어디 있어? 나는 못 하지만 예수님은 귀신을 쫓아내시고 모든 일을 하실 수 있어.' 이렇게 믿지 못하기 때문에 하나님이 역사하시는 것을 경험하지 못합니다. 제자들이 '우리는 어찌하여 귀신을 쫓아내지 못했느냐'고 물었을 때 예수님이 "너희 믿음이 적은 연고니라."라고 하셨습니다. 우리 마음에 하나님을 믿는 믿음이 없기 때문에 하나님이 우리 안에서 능력으로 일하실 수 없다는 것입니다.

하나님은 우리가 예수 그리스도처럼 행할 수 있도록 모든 것을 주셨습니다. 그 사실을 믿고 달려나가면 놀라운 역사들을 경험합니다. 그런데 하나님이 역사하시는 것을 보고 믿으려고 하기 때문에 신앙생활에 문제가 일어납니다.

예수님은 하나님의 아들이십니다. 예수님이 하신 말씀을 그대로 우리 마음에 받아들이면 우리가 예수님이 말씀하신 대로 됩니다. 하나님의 능력이 우리 안에 나타납니다. 우리 안에 계신 예수님으로 말미암아 귀신이 쫓겨나가는 것이지 우리가 능력이 있어서 쫓아내는 것이 아닙니다. 우리 안에 있는 예수님으로 말미암아 우리가 마귀를 이기고, 죄를 이기고, 어두운 일들을 이깁니다.

　예수님께서 "믿음이 없고 패역한 세대여"라고 하셨습니다. 예수님처럼 일하지 못하는 것은 믿음이 적은 연고라고 하셨습니다. 우리에게는 능력이 없습니다. 그래서 예수 그리스도를 바라보는 것입니다. 우리는 연약한 것이 당연합니다. 그러나 예수님은 완전하십니다. 그 예수님이 구원받은 우리 안에 계십니다. 우리가 예수님을 믿어, 우리 안에 계신 예수님으로 말미암아 사는 것이 참된 성도의 삶입니다.

82강

한 세겔을
얻을 것이니

"가버나움에 이르니 반 세겔 받는 자들이 베드로에게 나아와 가로되 '너의 선생이 반 세겔을 내지 아니하느냐?' 가로되 '내신다' 하고 집에 들어가니 예수께서 먼저 가라사대 '시몬아, 네 생각은 어떠하뇨? 세상 임금들이 뉘게 관세와 정세를 받느냐? 자기 아들에게냐, 타인에게냐?' 베드로가 가로되 '타인에게니이다.' 예수께서 가라사대 '그러하면 아들들은 세를 면하리라. 그러나 우리가 저희로 오해케 하지 않기 위하여 네가 바다에 가서 낚시를 던져 먼저 오르는 고기를 가져 입을 열면 돈 한 세겔을 얻을 것이니 가져다가 나와 너를 위하여 주라' 하시니라."(마 17:24~27)

예수님은 돈을 가지고 계시지 않아서

예수님이 가버나움에 이르렀을 때, 반 세겔 받는 자들이 있었습니다. 반 세겔은 성전 세로 내는 돈으로, 1세겔의 반이라는 말입니다. 반 세겔 받는 자들이 베드로에게 말했습니다. "너의 선생은 반 세겔을 내지 않느냐?" 베드로가 "내신다."라고 답했습니다. 베드로가 예수님이 계신 곳으로 가자 예수님이 먼저 말씀하셨습니다.

"시몬아, 네 생각은 어떠냐? 왕이 누구에게 세금을 받느냐? 자기 아들에게 받느냐, 다른 사람에게 받느냐?"

왕의 아들은 세금을 내지 않습니다. 성전은 하나님의 전이고, 예수님은 하나님의 아들이니 무슨 성전 세를 냅니까? 그런데 예수님이 성전 세를 받는 사람들이 오해하지 않도록 반 세겔을 내라고 했습니다. 그런데 예수님은 돈을 가지고 계시지 않았습니다. 그래서 베드로에게 바다에 가서 낚시를 던져 처음 잡은 물고기의 입을 열면 한 세겔이 있을 것이라고 하며, 그 돈으로 예수님과 베드로가 낼 성전 세를 내라고 하셨습니다. 성경에는 우리가 이해할 수 없는 일들이 많습니다. 물고기 입 속에 왜 한 세겔이 들어 있고, 그 고기가 왜 낚시에 처음 잡히겠습니까?

우표 다섯 장을 손에 들고 나오면서…

저는 오늘 돈에 관하여 이야기하려고 합니다. 예수님이 세상에 계실 때 돈을 가지고 다니시지 않았습니다. 세상에 태어날 때도 마구간을 빌려 태어나셨습니다. 예수님이 예루살렘에서 말씀을 전하신 뒤 밤이 되면 잠잘 곳이 없어서 감람산에 가서 그냥 쓰러져 주무셨습니다.

사도행전 3장에 보면, 베드로가 요한과 함께 성전에 가다가 미문에서 앉은뱅이를 만났습니다. 그는 미문 앞에서 구걸하는 사람으로, 베드로와 요한에게 돈을 달라고 구했습니다. 베드로가 "우리를 보라." 하니 그 사람이 무엇을 얻을까 하여 쳐다보자 베드로가 말했습니다.

"은과 금은 내게 없거니와 내게 있는 것으로 네게 주노니, 곧 나사렛 예수 그리스도의 이름으로 걸으라."

베드로도 예수님처럼 가진 돈이 없었습니다.

저도 사는 동안 예수님을 닮고 싶었습니다. 돈 없이 살고 싶었습니다. 물론 지금 저는 예수님과 베드로처럼 돈이 전혀 없지는 않습니다. 하지만 저도 돈으로 일들을 처리하는 삶보다 돈이 없어서 하나님을 의지하며 살고 싶었습니다.

오래 전 신용카드를 사용하기 전인 때에 한번은 자동차를 운전하고 가는데 돈이 하나도 없었습니다. 동행하던 형제가 나에게 돈이 없다는 사실을 알고 깜짝 놀랐습니다.

"목사님, 돈 없이 어떻게 차를 몰고 다니십니까?"

"차 있고 기름 있는데 돈이 뭐 필요해?"

"만일 차가 고장나거나 사고가 나면 어떡하려고요?"

제가 형제 이야기를 듣고, 돈이 전혀 없는데 고장이 나거나 사고가 나면 어떤 일이 일어날지 생각해 보았습니다. 제가 형제에게 말했습니다.

"돈이 한 푼도 없는데 사고가 생긴다면 오랫동안 기억할 만한 추억이 생길 거야."

제가 돈을 의지하는 것이 아니라 예수님을 의지하고 살면서 많은 일을 경험했습니다. 저는 1965년에 군대에 갔습니다. 훈련소에서 기초 훈련을 받은 뒤 원주에 있는 통신훈련소에서 통신병 교육을 받았습니다. 그때는 배가 많이 고팠습니다. 저는 돈을 거의 가지고 가지 않아서 무얼 사먹을 수 없었는데 저녁마다 '기차빵'이라는 빵을 먹었습니다.

세월이 40~50년이 흐른 뒤, 함께 통신 교육을 받았던 '송순종'이라는 친구를 만났습니다. 얼마나 반가웠는지 모릅니다. 그 친구가 광주에 살고 있어서 제가 광주에 갈 때마다 만나 이야기를 나누곤 했습니다. 한번은 그 친구가 저에게 말했습니다.

"박 목사, 빵값 내놔."

"무슨 빵값?"

"내가 저녁마다 기차빵 샀잖아."

"그랬지. 우리가 저녁마다 기차빵을 먹었지."

그 친구가 기차빵을 사주어서, 돈이 없는데도 매일 기차빵을 먹었던 것입니다.

한번은 군대에서 편지를 썼는데 우표가 없어서 보내지 못해 기도했습니다.

"하나님, 우표를 주십시오."

하루는 점심을 먹고 나오는데 처음 보는 교육생이 다가와 말했습니다.

"담배 한 대 피우시죠."

"나는 담배 안 피워."

"아이, 제가 담배 피우는 것 보았는데 왜 그러십니까? 한 대 피우세요."

그러더니 내 손에 '파고다' 담배 한 갑을 쥐어주고는 뛰어갔습니다. '내가 담배를 안 피우는데 이상한 녀석이 다 있네' 하고는, 담배를 손에 들고 '이걸 어떡하지?' 하며 걸어가는데 앞에 피엑스가 보였습니다. 안으로 들어가서 담배를 다른 것으로 바꿀 수 있냐고 묻자 가능하다고 했습니다. 그때 파고다 한 갑에 35원이고 우표는 한 장에 7원이었습니다. 담배를 주고 우표 다섯 장을 받았습니다. 그 우표를 손에 들고 나오면서 너무 감사했습니다.

하나님의 종이 쓰시겠다고 하는데 내가 어떻게 막겠습니까?

군대에서 제대한 뒤 1969년에 김천에 가서 지내며 복음을 전했습니다. 전세 보증금을 많이 주고 집을 빌려서 지냈습니다. 그런데 집주인이 노름에 빠져 집을 은행에 넘기고 도망갔습니다. 은행 지점장이 찾아와서 '이 집은 이제 은행 소유니 나가 달라'고 했습니다. 집을 비워주어야 하지만 돈이 없으니 다른 집을 구할 수 없었습니다. 많이 어려웠습니다. 매일 새벽에 일어나 다락에 올라가서 기도했습니다. 너무 어려운 일을 만나니 저절로 하나님께 간절히 기도를 드렸습니다. 하루, 이틀, 사흘, 계속 기도했습니다.

하루는 기도하는 중에 '기도만 하지 말고 밖에 나가서 집을 한번 알아봐라'는 마음이 들었습니다. 아침을 먹고 밖으로 나가서 우리가 지낼 만한 집을 찾아보았습니다. 얼마 떨어지지 않은 곳에 아주 좋은 건물 2층이 전세로 나와 있었습니다. 하지만 돈이 없으니 그림의 떡이었습니다. 그냥 건물을 둘러보고 다시 돌아왔습니다. 은행 지점장은 종종 찾아와서 집을 비워달라고 했습니다.

시간이 제법 흐른 어느 날, 그날도 집을 위해 하나님께 간절히 기도하는데 '하나님이 전에 보았던 집을 주시겠다'는 마음이 들었습니다. 하지만 그 건물은 좋고 값도 비싸지 않아서 벌써 나갔을 것이라는 생각이 들었습니다. 밖으로 나가 그 집에 가보니 아직 나가지 않은 상태였습니다. 건물 안으로 들어가 보니 어른은 없고 아이들만 있었습니다. 아이들에게 "아버지께 오늘 저녁에 내가 집을 얻으러 올 것이라고 말씀드리거라." 하고 돌아왔습니다.

그날 저녁 그 집에 찾아가니 집주인이 기다리고 있었습니다. 50대 초반의 키가 작고 젊잖게 생기신 분이었습니다. 마주앉아 제가 이야기를 했습니다.

"저는 하나님의 종입니다. 이 도시에 하나님의 복음을 전하러 왔습니다. 그런데 이 도시 시민 한 사람이 저에게 손해를 끼쳤습니다. 많은 돈을 주고 집을 전세로 얻었는데 집주인이 집을 은행에 넘기고 도망을 갔습니다. 제가 그 집에서 나와야 하는데 갈 곳이 없어서 오랫동안 하나님께 간절히 기도했습니다. 기도하는 중에 하나님께서 이 집을 저에게 주시겠다는 마음이 들었습니다. 저는 돈이 하나도 없습니다. 이 집을 저에게 주시면 감사하겠습니다."

지금 생각하면 말도 안 되는 소리입니다. 주인이 "당신 미쳤어?"라고 할 것 같은 생각이 들었습니다. 그런데 주인이 눈을 감고 생각에 잠겼습니다. 저는 조용히 앉아서 주인이 입을 떼길 기다렸습니다. 한참 시간이 흐른 뒤 주인이 입을 열었습니다.

"나는 시내 지좌동에 있는 '지좌교회' 장로올시다. 하나님께서 나에게 국도변에 좋은 건물을 주셨습니다. 이 건물을 하나님의 종이 쓰시겠다고 하는데 내가 어떻게 막겠습니까? 들어와서 사십시오."

그때 그 장로님 따님이 방안에서 피아노를 치는데 그 소리가 너무 아름다웠습니다. 마치 내가 하늘나라에 있는 것 같았습니다.

"언제 이사를 오겠습니까?"

"3일 후에 오겠습니다."

3일 후에 우리가 그 건물로 이사를 했습니다. 많은 형제 자매들이 모여서 이삿짐을 옮기는데, 저는 성경을 들고 전도하러 갔습니다. 어느 집에 들어가서 복음을 전하고 '이제 이사가 다 끝났겠다' 싶어 돌아가려고 하는데 비가 보슬보슬 내렸습니다. 그날은 비를 맞고 싶었습니다. 성경이 젖지 않도록 윗옷 안에 넣고 비를 맞으며 먼 길을 걸어 새로 이사한 집으로 가면서 한없이 행복했습니다.

마음으로 예수님과 이야기를 나누었습니다.

'주님, 당신은 세상에 계실 때 집 한채 방 한칸 없이 사셨고, 하루 종일 예루살렘에서 말씀을 전하시고 밤이 되면 감람산에 가서 기도하다 쓰러져 주무셨는데, 바람이 부는 날에는 어디에서 바람을 피하셨습니까? 비가 오는 날에는 어느 처마 밑에서 비를 피하셨습니까? 주님은 그렇게 고생하며 사셨는데 우리가 뭐라고 이런 좋은 집을 주십니까?'

비를 맞으며 눈물을 흘리면서 집으로 왔습니다. 우리를 깊이 사랑하시는 예수님이 너무 감사하고 감격스러워서 저도 예수님을 사랑하게 되었습니다.

베드로에게는 예수님의 능력이 있었지, 은과 금은 없었다

예수님은 세상에 계실 때 사람들의 여러 문제와 어려움을 해결해 주셨지만, 당신은 쉴 방 하나 없이 지내셨습니다. 제가 서울에 온 뒤에는 아파트에서 삽니다. 제가 사는 아파트에 방이 네 개가 있습니다. 아파트에 들어가면서 제일 먼저 방이 네 개인 것이 좋았습니다. '만일 예수님이 세상에 계실 때 나에게 이 아파트가 있었다면, 방 한 칸에서는 예수님이 쉬시고 다른 세 칸의 방에서 제자들이 네 명씩 지내면 딱 맞겠다'라는 생각이 들었습니다.

저는 돈으로 일들을 해결하면서 살고 싶지 않았습니다. 나에게 필요한 것을 예수님이 너무 잘 알고 계시기에 예수님을 의지해서 살고 싶었습니다. 베드로가 성전 미문에서 구걸하던 앉은뱅이에게 말했습니다.

"은과 금은 내게 없거니와 내게 있는 것으로 네게 주노니, 곧 나사렛 예수 그리스도의 이름으로 걸으라."

베드로에게는 예수님의 능력이 있었지 은과 금은 없었습니다. 그래서 앉은뱅이에게 동전을 던져주는 대신 걷고 뛸 수 있는 성한 다리를 선물해 주었습니다. 예수님도 세상에서 그렇게 사셨습니다. 아무것도 갖지 않고, 무엇이 필요할 때마다 하나님이 능력으로 모든 일을 해결하셨습니다.

우리는 돈을 쓰는 데 익숙합니다. 돈을 쓰는 것이 편리합니다. 좋은 일을 할 때에도 돈을 사용하고, 부끄러운 일을 할 때에도 돈을 사용합니다. 돈에는 위인들의 얼굴이 그려져 있는데, 좋은 일에 돈을 쓸 때에는 그 얼굴에 웃음을 띠고 부끄러운 일을 할 때에는 얼굴을 찌

푸리는 것이 아닙니다. 그런데 예수님의 능력은 부끄러운 일에 사용할 수 없습니다. 악한 일에 예수님의 능력을 사용하지 못합니다. 예수님의 능력은 좋은 일에는 나타나지만 나쁜 일에는 사용하려고 해도 나타나지 않습니다.

저도 가끔 돈을 씁니다. 고속도로 휴게소에서 음료수도 사먹고 호두과자도 사먹습니다. 그러나 제가 바라는 것은, 저도 베드로처럼 문제를 돈으로 해결하지 않고 예수님으로 해결하는 것이 점점 더 많아졌으면 좋겠습니다. 일을 돈으로 처리하는 것보다 기도하며 예수님으로 말미암아 해결하는 것이 복되고 영광스러울 줄 압니다.

돈은 많은 부분에 쓰임을 받습니다. 돈으로 얼마나 많은 일을 할 수 있는지 '황금만능'이라고 말합니다. 황금이 만 가지 일에 능할 수 있지만 모든 일에 능할 수는 없습니다. 예수님은 전능하십니다. 어떤 일도 이루실 수 있습니다.

83강

어린아이와 같이
자기를 낮추는 이가 큰 자니라

"그때에 제자들이 예수께 나아와 가로되 '천국에서는 누가 크니이까?' 예수께서 한 어린아이를 불러 저희 가운데 세우시고 가라사대 '진실로 너희에게 이르노니 너희가 돌이켜 어린아이들과 같이 되지 아니하면 결단코 천국에 들어가지 못하리라. 그러므로 누구든지 이 어린아이와 같이 자기를 낮추는 그이가 천국에서 큰 자니라.'"(마 18:1~4)

마태복음은 예수님을 유대인의 왕으로 표현했습니다. 예수님이 우리 마음에 왕으로 자리를 잡으시면, 우리가 당하는 어떤 일이든지 왕이신 예수님이 아름답게 해결해 주십니다. 사람이 왜 슬퍼하고 괴로워합니까? 마음에 평강의 왕이 계시지 않기 때문입니다. 예수님이 우리 마음에 계시면, 우리가 어떤 문제를 만나든지 그 문제가 우리 문제가 아니라 예수님의 문제가 됩니다. 예수님이 문제를 해결하신다면 무엇이 문제가 되겠습니까? 아무것도 문제가 되지 않을 것입니다.

저도 구원받고 예수님 안에서 수십 년을 지나는 동안 이런저런 문제가 일어났습니다. 그 많은 문제들 가운데 예수님으로 말미암아 해결되지 않은 것은 하나도 없었습니다. 오늘도 우리가 마태복음 이야기를 하는 이유는, 아직까지 예수님이 마음에 주인이 되시지 않아 이런저런 문제로 어려움과 고통을 겪는 사람이 있다면 이런 시간을 통해서 예수님을 마음에 주인으로 모시는 귀한 시간이 되길 바라기 때문입니다.

천국에서는 누가 큽니까?

마태복음 18장에서 예수님의 제자들이 예수님께 "천국에서는 누가 큽니까?"라고 물었습니다. 그러자 예수님이 한 아이를 가운데 세우고 말씀하셨습니다.

"진실로 너희에게 이르노니 너희가 돌이켜 어린아이들과 같이 되지 아니하면 결단코 천국에 들어가지 못하리라. 그러므로 누구든지 이 어린아이와 같이 자기를 낮추는 그이가 천국에서 큰 자니라."

우리는 아이 때보다는 성장해서 많이 배우고 알아 인생을 더 잘 산다고 생각했는데, 성경은 그렇게 말하고 있지 않습니다. 우리가 천국에 들어가기 위해서는 어린아이처럼 되어야 한다고 이야기합니다. 천국에서는 어린아이같이 자기를 낮추는 이가 큰 자라고 합니다.

제가 IYF(국제청소년연합)라는 청소년 단체에서 대학생을 중심으로 일하고 있습니다. 해마다 수많은 대학생들을 모아 월드캠프를 하고, 교육도 합니다. 저는 나이가 많지만 젊은이들과 같이 지낼 수 있다는 것이 얼마나 행복한 일인지 모릅니다. 제가 젊었을 때에는 몰랐지만, 늙고 나니 젊음 자체가 꽃이라는 사실을 알았습니다. 젊은이들과 이야기하다 보면 꽃처럼 아름답습니다. 무엇보다 생각이 순수합니다.

나이가 든 사람들은 인생을 살면서 많은 것들을 경험하면서 나름대로의 관념이나 철학이 속에 틀처럼 형성되어 있습니다. 그래서 예수님이 그 사람 속에 들어가서 그의 인생을 바꾸고 은혜를 베풀고 복을 주려고 하셔도, 자기 틀에서 잘 나오지 않습니다.

인생을 50~60년을 살았다면, 그 사람은 그동안 경험한 일들을 바탕으로 그 중에서 가장 좋은 길을 선택하려고 할 것입니다. 그렇기 때문에 자신이 가장 좋은 길로 가고 있다고 생각할 것입니다. 그것이 확고해서 변하지 않는 틀이 되어 있습니다. 그 틀 안에서 어떤 일을 하는 것은 잘하지만 틀을 바꾸는 것은 굉장히 어렵습니다.

네가 어떻게 딸을 반듯하게 키울 수 있지?

하나님은 나에게 내 인생의 틀을 바꾸는 일을 많이 하셨습니다. 제가 대구 파동에 살 때 딸이 막 두 살이 되었습니다. 어느 날 제가 전도 갔다가 늦게 집에 돌아와서 보니, 잠을 자고 있는 딸의 손에 붕대가 잔뜩 감겨 있었습니다. 제가 아내에게 아이 손이 왜 그런지 물었습니다. 옛날 집에는 방에서 부엌으로 나가는 작은 문이 있었습니다. 옆집에서 아이가 놀러와 우리 방에서 은숙이와 놀다가 우리 딸을 밀쳤는데, 딸이 뒤로 넘어지면서 그 방문이 열려 부엌에 있는 연탄아궁이로 떨어져 손에 화상을 입었다고 했습니다.

제가 잠자는 딸을 안고 기도했습니다.

"하나님, 우리 은숙이 상처를 낫게 해주십시오. 상처에 흉터가 남지 않게 해주십시오."

기도하다가 하나님께서 어떤 생각을 하게 하셨습니다.

'딸이 연탄아궁이 위에 떨어졌을 때 얼마나 놀랐을까? 얼마나 두려웠을까? 아버지인 나는 딸이 그 위험한 지경에 빠졌는데 아무 도움도 주지 못했구나.'

저는 그때까지 내 자식은 반듯하게 키우겠다는 마음을 가지고 있었습니다. 그날 밤 예수님은 내 생각을 무너뜨리셨습니다.

'네가 네 아이를 반듯하게 키우겠다고 마음먹었지. 네 딸이 위험한 연탄불 위에 떨어졌을 때 잘못하면 죽을 수도 있었는데 너는 딸을 위해 무엇을 했냐? 아무것도 하지 못한 네가 어떻게 딸을 반듯하게 키울 수 있지?'

저는 그날 밤 생각을 깊이 했습니다. 이 세상 어느 부모가 자기 아이를 도박꾼을 만들거나 술주정뱅이를 만들고 싶겠습니까? 그러나 어떤 아이는 자라서 도박꾼이 되고, 어떤 아이는 자라서 알코올 중독자가 됩니다. 그날, 내가 내 아이를 반듯하게 키우겠다는 것이 정말 교만한 마음이라는 것을 알았습니다.

그 전에 하나님은 돈이나 능력에 관한 생각을 무너뜨리셨습니다. 저는 돈을 많이 갖고 지위와 능력을 가져서 그것들을 마음껏 쓰면서 살기를 바라는 마음을 가지고 있었습니다. 그런데 그렇게 살면 내가 죄에 빠지거나 인생이 나빠질 가능성이 크다는 사실을 알았습니다.

하나님은 내 인생에서 돈이나 지위보다 하나님이 더 일하길 원하신다는 사실을 알았습니다. 돈이나 다른 무엇으로 일을 해결하는 것보다 하나님으로 말미암아 해결하는 것이 좋고 완벽하다는 사실을 알았습니다.

그렇지만 아이는 내가 잘 키우고 싶었습니다. 그날 밤, 하나님은 내가 우리 아이들을 쥐고 있던 것을 놓게 하셨습니다. 제가 하나님께 말씀드렸습니다.

"하나님, 제 아들에게는 아버지가 둘이 있습니다. 한 분은 하나님이시고, 하나는 접니다. 어느 아버지가 아들을 더 위하겠습니까? 어느 아버지가 아들을 더 잘 지키겠습니까? 하나님 아버지입니다. 제가 아들에게 아버지라고 불리기는 하겠지만 마음에서는 오늘부터 아버지 사표를 내겠습니다. 하나님께서 우리 아들의 아버지가 되시고, 우리 딸의 아버지가 되어 주십시오."

그 후로 제가 우리 아이들 교육 등에 관심을 못 썼습니다. 그런데 하나님께서 우리 아이들을 기르시는 것을 분명히 볼 수 있었습니다. 하나님이 너무 감사했습니다. 내가 아이들을 키우는 것과 예수님이 키우시는 것은 비교가 안 되었습니다.

우리에게 베푼 은혜가 고마워 감사한 마음을 표현하고 싶은데…
우리 집안에 저보다 열여덟 살이 많은 고모님이 계셨습니다. 어느 날 그 고모님이 저에게 물었습니다.

"박 목사, 너 큰 교회 목사지? 월급을 얼마나 받아?"

그리고 이렇게 말했습니다.

"월급 받으면 나에게 맡겨. 내가 잘 모아서 아파트 사줄게. 목사로 있을 때는 좋지만 그 자리에서 내려오면 사람들이 다 외면해. 목회할 때와 안 할 때가 천지 차이야. 목사로 있을 때 아파트를 사야 돼."

고모님 이야기가 재미있었습니다. 아파트를 산다 해도 젊은 내가 더 잘 사지 할머니인 고모님이 더 잘 사겠습니까?

차를 몰고 집으로 돌아오면서 생각해 보았습니다. '내가 늙으면 집이 필요한데 나도 아파트를 하나 사볼까?' 그때 내 마음에서 주님의 음성이 들렸습니다. '박 목사, 노후를 위해 준비를 잘 해놓았네. 그럼 내가 도와주지 않아도 되겠네.' 제가 깜짝 놀랐습니다. 내가 무엇을 준비한들 예수님이 내 노후를 위하시는 것과 비교가 되겠습니까? 그래서 예수님이 내 노후를 위하시게 하려고 저는 아무것도 준비하지 않았습니다.

제가 대구에서 지낼 때 형편이 많이 어려웠습니다. 그때 우리 교회의 어느 자매님이 한 달에 한두 번씩 계란을 한 판씩 꼭 사가지고 왔습니다. 그때 우리 집에서 계란 한 판은 정말 귀했습니다. 세월이 많이 흘렀습니다. 저도 나이가 많아졌고, 그분 딸이 저와 나이가 같으니 그분은 저보다 나이가 훨씬 많아졌습니다. 어느 날, 그 모친이 우리에게 계란을 한 판씩 사다준 일을 생각했습니다. 너무 고마웠습니다. 고마운 마음을 이제라도 표현하고 싶었습니다.

그 모친에게 무엇을 꼭 대접해드리고 싶었습니다. 그런데 저는 목사라 대접은 많이 받았지만 대접해본 적은 별로 없어서 고마움을 어떻게 표현해야 할지 몰랐습니다. 대접을 하려고 하니 너무 어색했습니다. '좋은 한복을 한 벌 사드릴까? 좋은 음식을 사드릴까? 아니면,

좋은 구두를 한 켤레 사드릴까? 아니면, 핸드백을 사드릴까?' 그런 일을 해본 적이 없어서 무엇을 해도 어색할 것 같았습니다.

모친이 다니는 기쁜소식대구교회 목사님에게 '나에게 이런 마음이 있는데 어떻게 하면 좋겠는지' 물어보았습니다. 그 목사님이 "그냥 두세요."라고 했습니다. 제 마음에서 그냥 둘 수가 없어서 하나님께 기도했습니다.

"하나님, 그 모친이 우리에게 베푼 은혜가 너무 고마워 감사한 마음을 표현하고 싶은데 제가 못 하겠습니다. 하나님이 해주십시오. 그분은 아들이 없고 딸만 있는데 나이가 많이 들면 어떻게 살겠습니까? 하나님, 늙어도 오래오래 건강하게 해주십시오."

나중에 대구에서 그분을 뵈었는데 참 건강하셨습니다. 얼마 전에 제가 수양관에서 만났습니다.

"자매님, 안녕하세요?"

"아이고, 박 목사님! 안녕하십니까?"

"올해 연세가 어떻게 됩니까?"

"93세입니다."

93세인데도 건강하고 기억력도 아주 좋았습니다. 정말 감사했습니다.

돈으로 노후를 준비하는 것이 하나님이 준비하시는 것만큼 좋지 않습니다. 내가 자녀를 위해 무엇을 해도 하나님이 돌보시는 것과는 비교가 안 됩니다. 그런데 사람들이 돈으로 무엇을 하며 살려고 합니다. 돈에 익숙해져서 그렇습니다. 삶에서 만나는 모든 문제를 하나님의 능력으로 해결하는 법을 배우지 못하고 돈을 쓰는 법만 배웠습니다. 그래서 돈을 하나님보다 더 좋아합니다. 많은 사람이 돈이 있으면 힘이 나고 돈이 없으면 기가 죽습니다.

하나님이 내 안에 예수님의 마음을 넣어주셔서
예수님이 제자들에게 어린아이와 같이 되어야 한다고 하셨습니다. 나이든 사람은 자기 틀이 굳어져서 그것을 깨뜨리고 예수님의 인도를 따르기가 어렵습니다. 아이들은 아직 자기 틀이 굳어지지 않았기 때문에 쉽게 예수님을 믿는 믿음으로 살 수 있습니다. 우리가 자신의 길을 걷는 것과 예수님이 인도하시는 삶은 비교가 안 됩니다. 우리가 아이처럼 틀이 없어서 이전 삶을 벗어버리고 예수님의 삶을 받아들인다면 얼마나 놀랍고 복되고 영광스러운 삶을 살게 되는지 모릅니다.

틀이 굳어진 사람은 '그냥 살지 뭐. 귀찮게 뭘 바꿔? 이 정도 사는 것도 어렵게 살아왔는데 다시 이 삶을 버리고 어떻게 예수님의 싫을 살아?'라고 생각합니다. 사탄이 넣어준 마음이지 바른 마음은 아닙니다. 나이가 많고 굳어졌어도 예수님 앞에 와서 우리 생각을 바꾸고 우리 삶을 바꾸어야 합니다. 어른이 되었고 노인이 되었어도 '그냥 살래' 하지 않고 예수님의 말씀을 받아들이면 됩니다.

우리 삶은 우리가 바꾸는 것이 아닙니다. 예수님이 우리에게 일하시면 우리를 얼마든지 고치실 수 있습니다. 술이나 도박이나 마약에 빠진 사람이라면, 그것을 자신이 고치기는 정말 힘듭니다. 그러나 예수님이 일하시면 고칠 수 있습니다. 우리 생각을 버리고 예수님의 말씀을 마음에 받아들이면 예수님이 모든 문제에서 우리를 건져 내십니다.

한번은 제가 나환자촌에 가서 집회를 했습니다. 처음에는 나환자촌에 간다는 것이 '나도 나병에 걸리면 어떡하지?' 하고 마음에서 주저가 되었습니다. '그곳에 가면 잠은 어떻게 잘까? 같이 자자고 할까, 혼자 자게 할까? 식사는 같이 하자고 할까?' 등등 여러 생각이 들었습니다.

하루는 그 일로 기도하는데 하나님이 성경 말씀을 생각나게 하셨습니다. **"예수께서 베다니 문둥이 시몬의 집에서 식사하실 때에…"** (막 14:3) 제가 깜짝 놀랐습니다.

'예수님처럼 존귀한 분이 문둥이 시몬의 집에 가셨구나. 거룩하시고 영광스럽고 존귀하신 예수님도 나환자 집에 가셨는데 나 같은 인간이 뭐라고 그곳에 가기를 주저하랴.'

내 마음에서 거리끼는 마음이 다 사라졌습니다. 제가 나환자촌에 집회하러 가서 나환자들과 똑같이 지냈습니다. 아무 거리낌도 없이 지내니까 나중에 그분들이 저도 나환자인 줄 알았습니다.

제가 나환자들과 아무 거리낌 없이 지낸 것은 내 마음이 아니었습니다. 내 마음은 나환자를 꺼리는 마음이었습니다. 예수님의 마음은 달랐습니다. 예수님은 내 마음을 가지고 나환자촌에 가게 하시지 않고 당신의 마음을 가지고 가게 하셨습니다. 그 집회를 시작으로 제가 일곱 개의 나환자촌에 가서 집회를 했습니다. 그 해에 나환자촌에서 많은 사람이 구원을 받았습니다.

한번은 아들과 차를 타고 고속도로를 달리다 운전하는 아들에게 말했습니다.

"영국아, 저 산 고개 보이지? 저 고개를 넘어가면 조그마한 나환자촌이 있어. 아버지가 오래 전에 그곳에서 집회를 해서 많은 나환자들이 구원을 받았어."

　　하나님이 내 안에 예수님의 마음을 넣어주셔서 많은 나환자들을 구원하신 일을 생각하면 한없이 감사합니다. 우리가 굳어진 마음을 제하고 예수님의 말씀을 마음에 받아들여서 새 삶을 배운다면 더없이 복될 것입니다.

84강

네 손이나 발이
너를 범죄케 하거든

"만일 네 손이나 네 발이 너를 범죄케 하거든 찍어 내버리라. 불구자나 절뚝발이로 영생에 들어가는 것이 두 손과 두 발을 가지고 영원한 불에 던지우는 것보다 나으니라. 만일 네 눈이 너를 범죄케 하거든 빼어 내버리라. 한 눈으로 영생에 들어가는 것이 두 눈을 가지고 지옥 불에 던지우는 것보다 나으니라."(마 18:8~9)

제가 이 말씀을 읽고 조용히 생각해 보았습니다. 만일 내가 오른손으로 범죄해서 오른손을 끊어내고, 왼손으로 범죄해서 왼손을 끊어버리고, 입으로 악한 말을 했다고 입을 없애버린다고 해봅시다. 예수님이 이렇게 말씀하셨는데, 이 말씀대로 한다면 우리 몸에 남아 있을 부분이 있겠습니까? 우리 가운데 살아 있을 사람이 아무도 없을 것입니다.

모친이 죄 중에 나를 잉태하였나이다

제가 성경에서 다윗이 범죄한 이야기를 읽었습니다. 다윗이 많은 핍박과 어려움을 겪으면서도 하나님을 섬겼습니다. 그런데 다윗이 왕이 된 뒤 평안해지자 죄를 지었습니다. 그런 일을 보면서 사람의 마음은 정말 빠르게 변하는 사실을 알 수 있었습니다. 저도 제가 하는 일이 다 잘 되면 마음이 높아지는 것을 느낍니다. 삶에 여유가 생기면 누리고 싶은 마음이 일어나는 것을 느낍니다. 그렇다고 있는 차를 두고 일부러 걸어다니고, 좋은 옷을 두고 일부러 낡은 옷을 입는 것도 어렵습니다.

그래서 하나님이 때때로 저에게 시련을 주시고, 누군가 저를 비방하고 대적하는 일을 만나게 하십니다. 처음에는 '저 사람이 왜 저러지? 나는 그런 사람이 아닌데…'라는 생각이 듭니다. 그런데 어려움이 있으면 제가 하나님께 기도하며 하나님의 도움을 바라보게 됩니다. 구원받고 예수님 안에서 수십 년을 살아오는 동안 하나님은 저에게 좋은 것, 나쁜 것, 많은 것을 주셨습니다.

다윗은 위치가 높아지고 삶이 편해지자 죄를 지었습니다. 하나님은 죄에 빠진 우리를 구원하려고 예수님을 보내셨습니다. 그 사실을 정확히 이해하도록 성경은 다윗이 범죄하는 과정부터 자세히 기록했습니다.

사무엘하 11장에 보면 다윗이 저녁때 침상에서 일어났다고 했습니다. 왜 아침에 일어나지 않고 저녁때 일어났습니까? 잘은 모르지만, 밤새도록 신하들과 나랏일을 의논하느라 아침에야 잠들어서 저녁때 일어난 것은 아닌 것 같습니다. 밤새 술을 마시며 놀았는지, 다윗이 저녁때 일어나서 마음이 잡히지 않으니까 왕궁 지붕 위를 거닐었습니다.

그때 한 여자가 담 밑에서 목욕하는 모습이 보였습니다. 유대 여자들은 불결기를 지나면 물로 몸을 씻었습니다. 당시에는 샤워실이 없으니 여자가 대문을 잠그고 담 밑에서 씻고 있었을 것입니다. 다윗이 왕궁 지붕에서 내려다보니 그 모습이 아주 잘 보였습니다. 다윗이 그 모습을 자꾸 쳐다보는 것을 옆에 있던 신하들이 보았습니다.

평소 바른 이야기를 하는 신하였다면 "왕이시여, 고개를 돌리시옵소서. 어찌 아녀자가 목욕하는 것을 쳐다보고 계십니까? 왕으로서 합당치 않은 일인 줄로 아룁니다." 했을 것입니다. 그런데 권력을 가진 사람에게는 아부하는 사람이 많습니다. 옆에 있던 신하가 "여자가 예쁘지요? 데려올까요?"라고 했습니다.

다윗이 그 여자와 잠을 잤습니다. 여자가 잉태해 그 사실을 다윗에게 알렸습니다. 그 여자는 밧세바로, 다윗의 신하 우리아의 아내였습니다. 우리아는 전쟁터에 나가 있었기 때문에 아내가 임신했다는 것은 말이 안 되는 일이었습니다. 다윗이 자기 죄를 숨기고 싶었습니다. 남편으로 하여금 아내와 동침하게 하려고, 전쟁터에 있던 우리아를 불러와 전장 상황을 물은 뒤 집으로 가서 쉬라고 했습니다. 그때 아이가 생겼다고 속이려고 한 것입니다. 그런데 우리아가 전쟁터에 있는 상관과 군사들을 생각해 자기 집에 가지 않았습니다. 결국 다윗은 우리아를 전쟁터에서 적군의 손에 죽게 했습니다.

다윗은 이 큰 죄를 어떻게 사함 받았습니까? 하나님이 이런 일을 성경에 자세히 기록하신 것은, 다윗이 죄를 어떻게 사함 받았는지 가르쳐 주시기 위함입니다. 많은 사람들이 다윗이 죄를 지은 것은 알지만 그 죄를 어떻게 사함 받았는지는 잘 모릅니다.

사무엘하 12장에 보면, 나단 선지자가 죄를 지은 다윗을 찾아와 책망했습니다. 그때 다윗이 나단에게 "'내가 여호와께 죄를 범하였노라." 하자, 나단이 "여호와께서도 당신의 죄를 사하셨나니 당신이 죽지 아니하려니와"라고 했습니다. 시편 51편은, 다윗이 범죄한 후 선지자 나단이 왔을 때 지은 시라고 되어 있습니다.

시편 51편에서 다윗은 이렇게 고백했습니다. **"내가 죄악 중에 출생하였음이여, 모친이 죄 중에 나를 잉태하였나이다."**(시 51:5) 다윗은 "내가 방탕한 마음에 이끌려 여자와 동침하고, 그 죄를 감추려고 그의 남편을 죽이는 추악한 짓을 저질렀습니다."라고 하지 않았습니다. 자신이 죄악 속에서 태어났으며, 어머니가 죄 중에 자기를 잉태했다고 했습니다. 다윗은 자신의 마음 바탕에 죄가 있다고 고백했습니다.

한번 사과가 열리면 그 나무에서는 계속 사과가 열리듯이
교회에 다니는 많은 사람들이 죄 때문에 괴로워하지만 다윗처럼 죄를 깨닫는 사람은 많지 않습니다. 사람들은 죄를 짓고 보통 이렇게 기도합니다. "하나님, 내가 도둑질했습니다. 용서해 주십시오." "거짓말했습니다. 남을 미워했습니다. 간음했습니다. 용서해 주십시오." 대부분 자기가 지은 죄로 인해 괴로워합니다.

　사람들은 죄를 많이 지으면 자신이 악한 줄 알고, 선하게 살면 선하다고 생각합니다. 그러나 사과나무에 사과가 하나도 안 달렸다고 사과나무가 아닌 것은 아닙니다. 때가 되면 사과가 열립니다. 예레미야 17장에서 하나님은 '만물보다 거짓되고 심히 부패한 것이 마음'이라고 하셨습니다. 인간이 죄를 짓는 것을 보시기 전에 그렇게 말씀하셨습니다. 우리가 죄를 지었기 때문에 죄인이 되는 것이 아닙니다. 죄인으로 태어났기 때문에 죄를 짓는 것입니다. 죄를 짓는 것은 마음 안에 있는 죄가 밖으로 드러난 것입니다. 어떤 사람이든지 죄를 지을 환경에 두면 얼마든지 많은 죄를 짓는 것이 인간입니다.

　우리가 어떤 나무에 사과가 열린 것을 보면 사과나무인 줄 압니다. 나무가 어릴 때에는 아무 열매도 맺히지 않지만, 한번 사과가 열리면 그 나무에서는 계속 사과가 열립니다. 우리는 다 죄인으로 태어났습니다. 두 살 된 아이가 도둑질하지 않고 살인하지 않지만, 죄를 지을 수 있는 성품을 가지고 있습니다. 나이가 들어 죄가 드러나면 같은 죄를 계속 짓습니다. 마음에 죄가 자리잡고 있어서 속에서부터 죄가 솟아나기 때문입니다. 그래서 하나님은 만물보다 거짓되고 심히 부패한 것이 마음이라고 하셨습니다.

표범아, 왜 그래?

아프리카 정글 속 어느 마을에서, 추장이 마을을 지나가다가 아이들이 노는 것을 보고 깜짝 놀랐습니다. 표범 새끼와 함께 놀고 있었기 때문입니다. 추장이 창을 치켜들고 말했습니다.

"얘들아, 이 짐승은 표범이야. 죽여야 돼. 표범이 자라면 사람을 죽여."

한 아이가 말했습니다.

"추장님, 죽이지 마세요. 이 표범 새끼는 정말 착해요. 우리 아빠가 정글에서 주워왔는데 지금까지 죽만 먹였어요."

"아니야. 지금은 순한 것 같지만 표범은 크면 잔인해져."

"그렇지 않아요. 앞으로도 계속 죽만 먹일 거예요."

아이들이 애원하는 모습에 추장 마음이 약해져서 들고 있던 창을 내렸습니다.

표범은 아이들과 함께 잘 놀았습니다. 표범이 다 자란 뒤에도 여전히 순하고 아이들과 잘 지냈습니다. 아이들은 표범과 함께 정글을 다니는 것이 즐거웠습니다. 다른 짐승들이 표범을 보고 다 도망가서 어느 곳을 가도 안전했습니다.

어느 날, 세 아이가 표범과 함께 언덕길을 가다가 한 아이가 돌을 밟았습니다. 그 돌이 굴러가면서 아이가 미끄러져 언덕 아래로 굴러 떨어졌습니다. 다른 두 아이가 그 아이를 구하려고 언덕길을 빠르게 달려 아래쪽으로 내려갔습니다. 표범은 쏜살같이 언덕을 뛰어내려가 아이가 쓰러진 곳으로 갔습니다. 아이 무릎이 깨져서 피가 흐르고 있었습니다. 표범은 아이 무릎에 흐르는 피를 닦아주려고 혀로 피를 핥았습니다. 처음에는 피를 닦기 위해 핥았는데, 표범이 피 맛을 느끼고 피를 빨기 시작했습니다. 피를 먹고는 표범의 눈빛이 변하기 시작했습니다. 갑자기 두 발을 들어 아이 가슴을 움켰습니다. 멀리서 두 아이가 "표범아, 왜 그래?" 하며 달려왔습니다. 표범은 그 아이들도 잔인하게 죽였습니다.

표범 속에 흐르는 잔인한 성품은 고기를 먹이지 않고 죽만 먹인다고 사라지지 않습니다. 언제든지 나타날 수 있습니다. 어떤 사람은 겸손하고 부드러워 보입니다. 그러나 사람의 마음에는 죄악이 들어 있습니다. 남보다 자신이 잘되기를 바라는 성품, 자기만 좋으면 어떤 일도 저지를 수 있는 성품이 우리 마음 깊이 숨겨져 있습니다.

마음에 있는 죄가 나타나기 전까지 사람들은 자신이 선하다고 생각합니다. '내가 어쩌다 거짓말했지만 남을 해롭게 하는 짓은 안 했어. 배가 너무 고파서 도둑질했지만, 정말 어쩔 수 없었어.' 그러나 하나님이 보시는 눈은 사람이 보는 눈과 다릅니다. 하나님은 우리가 죄악덩어리인 것을 보셨습니다.

다윗은 **"내가 죄악 중에 출생하였음이여, 모친이 죄 중에 나를 잉태하였나이다."**라고 고백했습니다. 자신이 죄 덩어리라는 말입니다. 어떤 사람은 자신이 죄를 짓지만 그것만 고치면 선해질 것이라고 생각합니다. 자신의 근본이 죄인이라는 사실을 모르기 때문입니다. 자신이 죄 덩어리라는 사실을 발견한 사람은 전혀 다른 눈으로 자기를 봅니다. 오른손이 범죄했다고 끊어낸다면 남을 몸이 없다는 사실을 압니다. 자기 자신을 고치는 것을 포기하고 거듭나는 길을 찾습니다.

저도 전에는 내가 죄를 적게 짓고 착한 일을 하면 되는 줄 알았습니다. 죄를 짓는 나를 고치려고 했습니다. 그러나 내가 악할 뿐이라는 사실을 안 뒤로는 나를 고치는 것을 포기했습니다. 그런 저에게 하나님이 은혜를 베풀어주셨습니다. 내 안에 예수 그리스도의 마음을 받아들여서 내 마음이 아닌 예수님의 마음으로 살게 해주셨습니다.

그 죄를 가리우심을 받는 자는 복이 있고

다윗은 죄를 어떻게 사함 받았습니까? 그 부분에 관해 로마서에서 이야기하고 있습니다.

"일한 것이 없이 하나님께 의로 여기심을 받는 사람의 행복에 대하여 다윗의 말한바 '그 불법을 사하심을 받고 그 죄를 가리우심을 받는 자는 복이 있고, 주께서 그 죄를 인정치 아니하실 사람은 복이 있도다' 함과 같으니라."(롬 4:6~8)

다윗은, 아무 일도 하지 않았지만 하나님이 의롭게 여기시는 사람의 행복에 대하여 말했습니다. 죄를 씻기 위해 우리가 무엇을 해야 합니까? 아무 일도 하지 않아도 죄를 사함 받는다고 성경은 이야기하고 있습니다. 이 사실이 아주 중요합니다. 수많은 사람들이 자신이 무엇을 해야 죄를 사함 받을 수 있다고 생각합니다.

사람들은 자신이 신앙생활을 못하는 이유가 무엇을 잘하지 못하기 때문이라고 생각합니다. 정반대입니다. 너무 잘해서 신앙생활이 안 됩니다. 자신이 하면 될 것 같아서 자신이 하려고 하기 때문에 신앙생활이 안 됩니다. 우리는 죄뿐이어서 선한 일은 아무것도 할 수 없습니다. 우리가 아무것도 할 수 없기 때문에 하나님이 다 해주시는 것이 은혜입니다.

자신이 일하려고 하는 사람에 대해 로마서 4장 4절에서 이렇게 말합니다.

"일하는 자에게는 그 삯을 은혜로 여기지 아니하고 빚으로 여기거니와"(롬 4:4)

어떤 사람이 일을 하고 그 삯을 받는 것은 은혜가 아니라 마땅히 받아야 할 것입니다. 은혜는 일하지 않고 받는 것입니다.

"일을 아니할지라도 경건치 아니한 자를 '의롭다' 하시는 이를 믿는 자에게는 그의 믿음을 의로 여기시나니"(롬 4:5)

아무 일도 하지 않았는데, 하나님이 경건하지 않은 우리를 보고 '의롭다'고 하십니다. 이것은 마땅히 받아야 할 대가가 아니라 은혜입니다. 은혜는 아무 값도 내지 않고 받는 것이기 때문에 은혜에는 우리 노력이나 대가가 들어가면 안 됩니다.

안타깝게도, 오늘날 많은 사람들이 자신이 선하게 살아서 의롭게 되려고 합니다. 애통한 마음으로 죄를 고백해서 죄를 씻으려고 합니다. 그것은 은혜가 아닙니다. 예수님이 십자가에 못박혀 돌아가심으로 우리 죄가 다 씻어져 우리가 의롭게 되었습니다. 우리 죄를 씻고 우리를 의롭게 만드는 일을 예수님이 다 이루셨습니다. 하나님은 그에 관해 우리에게 손톱만 한 것도 요구하시지 않습니다. 그냥 공짜로 이 모든 것을 우리에게 주셨습니다.

우리는 아무 일도 안 했습니다. 그런데 어떻게 의롭게 되었습니까? 예수님이 일하셨습니다. 예수님이 일해서 이루신 것을 하나님이 값 없이 은혜로 우리에게 주셨습니다. 사람들이 자신이 무엇을 해서 죄를 사함 받으려고 합니다. 그래서 문제가 됩니다. 죄를 사함 받는 것은 은혜로 주어지기 때문입니다.

그렇게 한다면 온 몸을 잘라내도 안 된다

우리가 눈이 죄를 지었다고 뽑고 손이 죄를 지었다고 끊어서는 죄에서 벗어날 수 없습니다. 그렇게 한다면 온 몸을 잘라내도 안 됩니다. 마음이 죄에 물들어 있기 때문입니다. 나단이 죄를 지은 다윗에게 찾아가 책망한 뒤 "여호와께서도 당신의 죄를 사하셨나니"라고 했습니다. 죄는 인간이 씻는 것이 아니라 하나님이 사하십니다. 이사야 53장에서 이렇게 말합니다.

"우리는 다 양 같아서 그릇 행하여 각기 제 길로 갔거늘 여호와께서는 우리 무리의 죄악을 그에게 담당시키셨도다."(사 53:6)

우리는 다 잘못된 길로 갔습니다. 하나님은 죄에 빠진 인간이 스스로 자신을 죄에서 구원할 수 없기 때문에 예수 그리스도를 세상에 보내셨습니다. 그리고 우리 죄를 예수님에게 담당시키셨습니다. 우리 죄악을 우리가 아니라 하나님께서 예수님에게 담당시키셨습니다. 하나님이 우리 죄를 예수님께 넘기셨기 때문에 죄는 티끌만 한 죄도 우리에게 있지 않고 예수님에게 다 넘어갔습니다. 우리 기억에 남아 있을지는 모르지만, 실제로 죄는 우리에게 있지 않고 예수님에게 넘어갔습니다. 예수님이 우리 죄를 짊어지고 십자가에 못박혀 죽으셔서 모든 죄를 씻으셨습니다.

85강

형제가 죄를 범하거든
권고하라

"네 형제가 죄를 범하거든 가서 너와 그 사람과만 상대하여 권고하라. 만일 들으면 네가 네 형제를 얻은 것이요, 만일 듣지 않거든 한두 사람을 데리고 가서 두세 증인의 입으로 말마다 증참케 하라."(마 18:15~16)

예수님은 우리 같은 사람도 사랑하시는구나!
우리가 아는 대로 마태는 세리였습니다. 어느 날 그가 예수님을 따르기 시작했고, 예수님이 마태 집에서 식사를 하셨습니다. 예수님이 세리 집에 가셨기 때문에 많은 세리들이 마태 집에 갈 수 있었습니다. 그 모습을 보고 바리새인들이 '세리와 함께 먹느냐?'며 예수님을 비난했습니다. 그때 마태는 '예수님이 뭐라고 말씀하실까?' 궁금했을 것입니다. '예수님이 "이 집이 세리 집이야? 난 몰랐네. 잘못 왔네."라고 말씀하시면 어떡하지?' 하고 염려했을지 모릅니다.

그때 예수님이 이렇게 말씀하셨습니다. "건강한 자에게는 의원이 쓸데없고 병든 자에게라야 쓸데 있느니라. 내가 의인을 부르러 온 것이 아니요, 죄인을 부르러 왔노라." 마태가 이 이야기를 들었을 때 '예수님은 우리 같은 사람도 사랑하시는구나!' 하며 감격했을 것입니다. 마태는 그 마음을 가지고 마태복음을 썼습니다.

예수님이 제자들에게 "네 형제가 죄를 범하거든…"이라고 하셨습니다. 같이 신앙생활을 하는 형제가 죄를 범하면 우리가 어떤 자세를 취해야 합니까?

"가서 너와 그 사람과만 상대하여 권고하라. 만일 들으면 네가 네 형제를 얻은 것이요…"

우리가 어떤 형제가 죄를 지은 것을 보았습니다. 그래서 그 형제를 권고하러 갑니다. 거기에는 많은 문제가 일어날 수 있습니다. 그 형제만 죄를 범한 것이 아니라, 권고하는 나도 죄를 지은 경험이 있는 사람입니다. 그렇기 때문에 내가 형제를 비판하는 위치에 선다면 문제가 일어날 수 있습니다. 다른 사람을 데리고 가서 함께 비판하면 더 문제가 될 수 있습니다.

목사님, 이제 제가 그 죄에서 벗어났어요

한번은 제가 어느 도시에서 가진 전도 집회에서 설교를 마친 뒤 두 부인이 저와 상담하러 왔습니다. 제가 무슨 이야기를 했는지는 기억나지 않는데, 이야기하고 있던 중에 한 부인이 소리내어 울기 시작했습니다. 제가 굉장히 당황했습니다. 그 부인이 자기가 죄를 짓고 있다고 말했습니다. 남편이 아닌 다른 남자와 7년 동안 죄를 짓고 있다고 했습니다. 제가 '당신은 육체의 쾌락을 즐기고 있지 않느냐'고 하자, 그 부인이 이렇게 이야기했습니다.

"목사님, 아닙니다. 저도 처음에는 그 남자와 즐기는 줄 알았습니다. 그런데 남자가 대담하게 집까지 찾아왔습니다. 한번은 남편에게 들킬 뻔했고, 한번은 아들에게 들킬 뻔했습니다. 이제는 너무 고통스럽습니다. 그 남자를 죽이고 저도 죽고 싶은 마음이 일어납니다."

제가 그 부인에게 말했습니다.

"아주머니, 바로 그겁니다. 세상 모든 과일은 익지 않았을 때 떫고 익으면 답니다. 그런데 죄의 열매는 반대입니다. 익으면 익을수록 괴롭고 고통스럽고 슬픕니다. 중요한 것은, 죄를 지으면서 죄를 계속 사랑하고 죄와 짝하려는 마음입니다. 죄를 미워하고 죄 때문에 죽고 싶은 마음이 있으면 예수님이 건져 주십니다."

어떤 형제나 자매가 죄를 지었을 때, 죄가 싫고 죄를 떨쳐버리길 원하면 자신에게는 죄를 이길 힘이 없어도 예수님이 죄에서 건져 주시기 때문에 죄에서 벗어날 수 있습니다. 그러나 헤롯 왕이 헤로디아를 사랑한 것처럼 죄와 더불어 즐기길 원하면 죄에서 벗어날 수 없습니다.

우리 가운데 죄를 이길 수 있는 사람은 아무도 없습니다. 죄를 이길 수 있는 분은 예수 그리스도 한 분뿐입니다. 우리가 자신의 각오나 노력으로 죄에서 벗어날 수 없습니다. 죄를 범했을 때, 그 죄가 고통스러워서 죄를 정말 미워하고 죄에서 벗어나길 원하면 예수님을 힘입어서 벗어날 수 있습니다. 그러나 죄를 지으면서 그 죄를 사랑하고 죄와 더불어 거하길 원한다면, 내가 죄를 사랑하는데 예수님이 어떻게 나와 죄를 분리하실 수 있겠습니까?

하나님은 우리를 죄에서 벗어나게 하시려고, 처음에는 죄가 즐거운 것 같지만 죄에서 오는 고통을 점점 심하게 더하십니다. 고통이 너무 심해서 미칠 것 같은 마음이 생겨 죄를 싫어하게 만드십니다. 그래도 우리가 죄를 이길 힘은 없습니다. 스스로 죄를 이기는 것은 아주 불가능합니다. 그때 예수님께 도움을 구하면, 예수님이 죄의 권세를 무너뜨리고 우리를 죄에서 건져 당신 안에 두십니다.

저는 죄 때문에 괴로워하는 부인에게 예수님께서 우리 죄 때문에 어떤 고난을 당하셨는지 이야기했습니다. 예수님이 당하신 고난이 우리를 죄에서 건지고 해방시켜 주었다는 이야기를 했습니다. 그날은 그렇게 헤어졌습니다. 이튿날 그 부인이 저를 찾아왔을 때에는 놀랍게도 새로운 마음을 가지고 왔습니다. 밝고 기쁘고 즐겁고 행복한 마음을 가지고 왔습니다.

"목사님, 이제 제가 죄에서 벗어났어요. 죄에서 자유로워졌어요."

지금은 그 부인이 어떻게 사는지 모르지만 예수님을 섬기며 살 줄 믿습니다.

꾸짖거나 공격해야 하는 것이 아니라 진지하게 권고해야

다윗은 자기 곁에 늘 선지자를 두었습니다. 젊었을 때에는 사무엘 선지자가 다윗을 지도해 주었습니다. 그 후에는 나단 선지자가 곁에 있었고, 노년에는 갓 선지자가 있었습니다. 다윗이 어려움에 빠지거나 죄에 빠졌을 때 선지자가 나타나서 다윗을 건져주었습니다.

어떤 형제나 자매가 죄를 지었을 때 내가 가서 꾸짖어야 하는 것이 아닙니다. 여러 사람들을 데리고 가서 공격해야 하는 것도 아닙니다. 혼자 가서 그 사람이 죄에서 벗어날 수 있도록 진지하게 권고해야 합니다. 다윗이 죄를 지었을 때 나단 선지자가 찾아가서 모든 문제를 정리하고 죄에서 벗어나게 해주었던 것처럼 말입니다.

나단 선지자의 이야기를 듣고 다윗이 '내가 죄를 범했다'고 하며 괴로워했습니다. 그 전에 다윗은 자기 죄를 가리기에 바빴고, 어떻게 해결해야 하는지 몰랐습니다. 지은 죄를 가리기 위해 또 다른 죄를 지었습니다. 죄의 수렁에 빠진 다윗을 나단 선지자가 건져주었습니다.

죄를 짓지 않는 사람은 없습니다. 신앙생활을 하다가 범죄했을 때 대부분 사탄에게 사로잡혀서 끌려다닙니다. 이것은 정말 심각한 문제가 아닐 수 없습니다. 그때 우리가 그 사람을 찾아가서 그가 죄에서 벗어나 다시 믿음의 세계로 갈 수 있도록 이끌어 주는 것이 정말 중요합니다.

건강한 사람도 때때로 감기에 걸릴 수 있습니다. 감기에 걸려서 죽으면 되겠습니까? 감기보다 심하긴 하지만, 말라리아에 걸려서 죽어서 되겠습니까? 언젠가 제가 남아공에 갔을 때 굉장히 추웠습니다. 이튿날 탄자니아로 갔을 때, 탄자니아 교회 사모님이 내가 조금 이상한 것을 보고 물었습니다.

"목사님, 왜 그러세요?"
"내가 어제 남아공에서 날씨가 추워서 감기에 걸린 것 같아요."

"목사님, 여기는 아프리카예요. 그냥 두면 큰일나요."

"무슨 문제가 있어요?"

"감기하고 말라리아는 증세가 같아요. 빨리 병원에 가야 해요."

병원에 가서 검사를 받았습니다. 병원이라고 말하기도 어려운 초라한 곳에 조그마한 현미경이 하나 있었습니다. 의사가 내 피를 뽑아서 유리판에 칠하더니 전등 밑에 가서 말렸습니다. 거기에 어떤 약을 넣고 다시 말린 뒤 현미경으로 들여다보더니 말라리아에 감염되었다고 했습니다. 저도 현미경으로 보니 말라리아균이 보였습니다. 그때 제 몸에서 콧물이 흐르고 감기 기운이 있는 것이, 감기가 아니라 말라리아였습니다. 의사가 '판시다'라는 알약 두 개를 주었습니다. 말라리아 초기여서 약을 먹고 깨끗이 나았습니다. 만일 그때 치료하지 않았으면 말라리아균이 내 몸에서 계속 번식하며 잠복해 있다가 갑자기 나타나 죽을 수도 있었습니다.

예수님이 못박히신 십자가를 바라보면 죄의 독이 사라져

우리가 신앙생활을 하면서 잘못된 길로 갈 때가 있습니다. 죄가 병과 같습니다. 별거 아닌 것처럼 보이는 죄도 마음에서 자라면 큰 문제를 일으킵니다. 별거 아니라고 생각하는 죄 때문에 신앙이 파손되고, 한평생 죄악된 삶에서 벗어나지 못하는 사람들이 있습니다.

그런 일을 막기 위해 범죄한 형제에게 찾아가 권고해야 합니다. 안 그래도 죄 때문에 고통스러운데 더 고통스럽게 해야 하는 것이 아니라, 잘못을 뉘우치고 죄에서 돌이킬 수 있는 기회를 주어야 합니다. 그렇게 하기 위해 형제에게 예수님의 십자가를 보여주어야 합니다.

"십자가를 바라봐. 민수기에서 이스라엘 백성이 불뱀에 물렸을 때 놋뱀을 쳐다보면 살았지? 불뱀은 죄를 나타내. 이스라엘 백성이 불뱀에 물려 괴로워하며 죽어가는 모습이, 우리가 죄에 빠져서 고통하며 죽어가는 모습을 보여주는 거야. 그렇다면 놋뱀은 무얼 나타내? 놋은 심판을 가리켜. 놋뱀은 죄가 심판받은 것을 이야기해. 예수님이 뭐라고 말씀하신지 알아? 모세가 광야에서 놋뱀을 든 것처럼 예수님도 들려야 한다고 하셨어. 예수님이 십자가에 못박혀 죽으시는 것을 말하는 거야. 이스라엘 백성이 불뱀에 물렸을 때 놋뱀을 쳐다보자 불뱀의 독이 다 사라졌어. 우리가 죄로 인해 죽어갈 때 예수님이 못박히신 십자가를 바라보면 죄의 독이 사라져.

네가 죄를 지었잖아. 네가 그 벌을 받아야 하는데 예수님이 대신 벌을 받아서 네가 받을 벌이 없어. 십자가는 바로 네 죄의 벌이 끝난 것을 보여줘. 불뱀에 물렸을 때 그 독이 이스라엘 백성을 괴롭게 하고 죽음으로 몰고 가는데, 놋뱀을 쳐다보자 독의 힘이 다 사라졌어. 그래서 사람들이 불뱀의 독에서 벗어날 수 있었어. 우리가 예수님이 못박히신 십자가를 바라볼 때 죄의 힘이 다 사라져서 죄에서 벗어날 수 있어. 십자가에서 죄에 대한 심판이 끝났기 때문이야. 예수님이 우리 대신 심판을 받으셨고 죄의 벌을 다 받으셨어. 우리 대신 고통을 겪으셨어. 죄가 우리를 괴롭히고 가책을 주지만 그 죄에 대한 심판은 이미 끝이 났어. 더이상 우리를 괴롭힐 수 없어."

이사야 53장에서 이렇게 말합니다.

"그가 찔림은 우리의 허물을 인함이요, 그가 상함은 우리의 죄악을 인함이라. 그가 징계를 받음으로 우리가 평화를 누리고, 그가 채

찍에 맞음으로 우리가 나음을 입었도다."(사 53:5)

예수님은 우리 허물 때문에 찔렸고 우리 죄악 때문에 상하셨습니다. 십자가는 우리가 지은 죄의 형벌을 예수님이 받으신 곳입니다. 거기에서 우리 죄의 형벌이 끝이 났습니다. 우리가 깨끗해졌습니다. 이야기를 듣고 죄를 지은 형제가 생각합니다.

'내 죄의 형벌이 이미 끝났구나. 내가 깨끗해졌구나. 그런데 내가 왜 죄 때문에 괴로워하지? 내가 몰랐구나. 이 죄는 이미 십자가에서 형벌을 받은 죄구나.'

죄의 벌을 받으면 죄가 끝이 납니다. 우리나라에서는 옛날에 연탄을 땠습니다. 검정색 연탄이 다 타면 희게 된 연탄재만 남습니다. 그 연탄재에는 아무리 불을 붙여도 타지 않습니다. 이미 다 타버렸기 때문입니다. 타야 할 것이 아무것도 남아 있지 않아서 아무리 불을 붙여도 붙지 않습니다. 예수님이 십자가에서 우리 죄에 대한 벌을 다 받으셔서 우리가 받아야 할 벌이 남아 있지 않습니다. 십자가에서 심판이 다 끝났습니다.

죄를 지은 형제에게 찾아가 십자가를 바라보게 해줍니다. 그러면 형제가 죄에서 벗어나서 은혜 가운데 거합니다. 그렇게 형제를 얻을 수 있습니다.

86강

네 빚을 전부
탕감하여 주었거늘

"이러므로 천국은 그 종들과 회계하려 하던 어떤 임금과 같으니 회계할 때에 일만 달란트 빚진 자 하나를 데려오매 갚을 것이 없는지라. 주인이 명하여 그 몸과 처와 자식들과 모든 소유를 다 팔아 갚게 하라 한대 그 종이 엎드리어 절하며 가로되 '내게 참으소서. 다 갚으리이다' 하거늘 그 종의 주인이 불쌍히 여겨 놓아 보내며 그 빚을 탕감하여 주었더니 그 종이 나가서 제게 백 데나리온 빚진 동관 하나를 만나 붙들어 목을 잡고 가로되 '빚을 갚으라' 하매 그 동관이 엎드리어 간구하여 가로되 '나를 참아 주소서. 갚으리이다' 하되 허락하지 아니하고 이에 가서 저가 빚을 갚도록 옥에 가두거늘, 그 동관들이 그것을 보고 심히 민망하여 주인에게 가서 그 일을 다 고하니 이에 주인이 저를 불러다가 말하되 '악한 종아, 네가 빌기에 내가 네 빚을 전부 탕감하여 주었거늘 내가 너를 불쌍히 여김과 같이 너도 네 동관을 불쌍히 여김이 마땅치 아니하냐?' 하고 주인이 노하여 그 빚을 다 갚도록 저를 옥졸들에게 붙이니라."(마 18:23~34)

브레이크가 고장난 줄 모르고 욕망을 따라 달려가는 사람들

예수님께서 하신 이 이야기에 일만 달란트 빚진 자가 나오고, 그 빚을 탕감해준 임금님이 나옵니다. 당시 노동자의 하루 품삯이 한 데나리온이며, 한 달란트는 6,000데나리온이었습니다. 그러니 1만 달란트는 당시로서는 상상할 수 없이 큰 돈이었습니다. 어떤 사람이 일만 달란트를 빚졌습니다. 도대체 어떻게 살아서 그 많은 빚을 졌겠습니까? 이 사람은 자신이 어떤 사람인지 모르고 살다 보니 일만 달란트를 빚졌습니다.

우리가 성경을 읽어야 하는 이유 중 하나가, 우리가 어떤 인간인지 성경이 자세히 이야기해 줍니다. 여러분이 자동차를 타고 고속도로를 신나게 달리다가 앞에 문제가 생겨서 브레이크를 밟았는데 차가 서지 않는다면 얼마나 놀라겠습니까? 잘못하면 죽을 수 있습니다. 인생도 브레이크가 고장난 줄 모르고 욕망을 따라 달려가는 사람이 많습니다. 마약이나 도박에 중독되어 빠져나오지 못하는 이유가 무엇입니까? 그만하려고 브레이크를 밟아도 멈출 수 없기 때문입니다. 자신에게 브레이크가 없는 줄 모르고 욕망을 따라 달리다가 멈추고 싶어도 안 되어 괴로워하는 사람이 많습니다. 일만 달란트 빚진 자 이야기가 그런 우리 모습을 정확히 가르쳐 줍니다.

마음이 여전히 잘못된 곳으로 흘러갔다

어떤 임금님이 종들과 회계를 하는데, 일만 달란트 빚진 자가 임금님 앞에 섰습니다. 임금님이 말합니다.

"네 몸과 네 처와 자식들과 모든 소유를 다 팔아 빚을 갚아라."

당시 유대인이 종으로 팔릴 때 성인 한 사람의 몸값이 은 30세겔이었습니다. 요셉은 은 20개에 팔렸고, 가룟 유다는 예수님을 은 30개에 팔았습니다. 한 달란트는 3,000세겔이니, 빚진 자의 몸과 그 처 자식을 다 판들 얼마나 되겠습니까? 그렇게 해서는 빚을 갚을 수 없습니다.

임금님의 말을 듣고 그 종이 엎드려 절하며 말했습니다.

"참으소서. 다 갚겠나이다."

임금님은 그 종이 빚을 갚을 수 없다는 사실을 알기에 그를 불쌍히 여겨 빚을 전부 탕감해 주었습니다. 이 사람이 얼마나 행복했겠습니까! 가족이 다 종으로 팔려가 평생 종살이를 하며 지내야 하는데, 그래도 갚을 수 없는 빚을 다 탕감 받았으니 얼마나 좋았겠습니까! '야, 일만 달란트나 되는 빚을 탕감 받았다. 이제 우리 가족이 종으로 팔려 가지 않아도 된다. 아내와 아이들과 헤어지지 않고 함께 살 수 있다.' 그 가족이 정말 행복하게 살아야 했습니다.

그런데 이 사람의 마음이 여전히 잘못된 곳으로 흘러갔습니다. 생각이 모자라니까 빚을 탕감 받은 사실만 마음에 두고 이제는 즐겁게 살아야겠다고 생각했습니다. 그러다가 자신에게 백 데나리온 빚진 사람을 만났습니다. 성경은, 그가 그 사람의 목을 잡았다고 했습니다. 목을 잡고 말했습니다. "너, 빚 갚아!" 왜 빚을 받아야 합니까?

이제 가족이 잘살려면 돈이 필요한데 마침 자기에게 빚진 자를 만났으니 잘됐다고 생각했습니다.

빚진 사람이 엎드려 이 사람에게 간구했습니다.

"참아 주십시오. 갚겠습니다."

자신이 임금님께 간구한 것과 똑같이 간구했습니다. 그런데 이 사람이 일만 달란트를 탕감 받은 것은 생각하지 못하고 '빨리 백 데나리온을 받아야 돼. 그래야 우리가 행복하게 살아'라는 생각만 했습니다. 어떻게든 빚을 받으려고 했습니다.

"야, 먹을 거 다 먹고 쓸 거 다 쓰면 언제 갚아? 빚부터 갚아야지."

"예, 조금만 참아 주시면 곧 갚겠습니다."

"언제 진 빚인데 아직도 안 갚아? 이거 그냥 놔둬선 안 되겠어!"

이 사람이 백 데나리온 빚진 자를 감옥에 넣었습니다. 주변 사람들이 그것을 보고 너무 민망해 그 사실을 임금님께 이야기했습니다.

임금님처럼은 못 하지만 그 흉내는 내보려고

생각이 부족한 사람은 한쪽 면만 생각합니다. 제가 성경을 읽는 동안 하나님께서 저에게 멀리 볼 수 있는 눈도 주시고 가까이 볼 수 있는 눈도 주시고, 넓게 볼 수 있는 눈도 주시고 세밀히 볼 수 있는 눈도 주셨습니다. 그래서 인생을 행복하게 살도록 이끌어 주셨습니다. 제가 성경을 읽으면서, 일만 달란트 빚진 자처럼 내가 악하고 잘못되었다는 사실을 알았습니다. 내 생각대로 살면 망한다는 사실을 정확히 알았습니다. 그 후로는 내 속에서 많은 생각이 일어나지만 그 생각을 따라갈 수 없었습니다. 그 생각을 따라가면 인생을 망친다는 사실을 정확히 알았기 때문입니다.

구원받고 신앙생활을 하다가 시험에 드는 형제나 자매가 있습니다. 어떤 사람은 교회를 떠나기도 합니다. 그런 사람들은 대부분 한쪽 부분만 보기 때문입니다.

일만 달란트를 탕감 받은 사람이 자기에게 백 데나리온 빚진 자의 목을 잡았습니다. 당장 갚으라고 다그쳤습니다. 그가 조금만 참아 달라고 간구했지만 감옥에 가두어버렸습니다. 이 사람은 자신의 행동이 무엇이 잘못되었는지도 모릅니다. 마땅히 빚을 받아야 한다고만 생각했습니다. 얼마 전에 자신이 임금님 앞에 꿇어 엎드려 애원한 일을 잊어버린 것입니다. 임금님이 일만 달란트나 되는 큰 빚을 탕감해 준 것을 기억하지 못했습니다.

이 사람이 빚을 탕감 받았을 때 어떤 생각을 해야 했습니까?

'임금님이 일만 달란트나 되는 빚을 탕감해 주셨어. 이것은 말로 표현하기 힘든 큰 은혜야. 너무 귀하고 아름다운 일이야. 나는 정말 아무렇게나 살아서 빚만 진 형편없는 사람인데 임금님이 나 같은 인간을 생각해 주셨어. 임금님은 어떻게 그처럼 넓고 따뜻한 마음을 가지고 계실까? 내가 그런 임금님 아래서 사니까 이 큰 복을 받은 거야. 나는 살면서 임금님 같은 마음을 한 번도 품어본 적이 없는데 왜 그렇게 살았지? 내가 봐도 나는 한심해. 이제 내 마음대로 살지 말고 임금님을 조금이나마 닮고 싶어. 나도 임금님처럼 누군가를 위해 주고, 나에게 빚진 사람이 있으면 탕감해주고 싶어.'

이렇게 임금님의 마음을 더듬었다면 그 삶이 얼마나 좋아졌겠습니까? 그가 얼마나 행복하게 살았겠습니까? 생각하면 생각할수록 자신이 일만 달란트를 탕감 받은 것이 얼마나 감사했겠습니까? 그렇게 지내다가 백 데나리온 빚진 자를 만납니다.

"여보게, 자네 나에게 백 데나리온 빚졌지?"

"미안한데, 다음에 꼭 갚을게."

"안 되는데…. 그렇게 자꾸 안 갚으면 감옥에 넣을 거야."

"조금만 참아줘."

"그래? 내가 할 이야기가 있으니 내가 하는 말을 잘 들어. 오늘 무슨 일이 일어난 줄 알아?"

"무슨 일인데?"

"깜짝 놀랄 만한 일이 있었지."

"도대체 무슨 일인데?"

"진짜 깜짝 놀랄 만한 일이야."

"그 일이 뭔지 이야기해 봐."

"내가 오늘 임금님을 만났어. 내가 함부로 살아서 임금님께 빚을 일만 달란트나 졌어. 임금님이 내 몸과 처자식의 몸을 다 팔아서 빚을 갚으라고 하셨어. 거기까지는 누구나 알 만한 일이야. 그 다음에 깜짝 놀랄 일이 생긴 거야."

"그게 뭔데?"

"임금님이 믿어지지 않는 이야기를 하셨어. '네 빚을 다 탕감한다'라고 하신 거야. 내가 바로 들은 건지 내 귀를 의심했어. 믿을 수 없는 일이 일어난 거야. 일만 달란트나 되는 큰 빚을 임금님이 탕감해주신 거야. 내가 이렇게 큰 복을 받은 사람이야."

"이야, 정말 놀라운 일이네!"

"그런데 내가 자네에게 할 이야기가 있어. 나는 임금님처럼은 못하지만 그 흉내는 내보려고. 자네, 나에게 백 데나리온 빚졌지?"

"그렇지."

"자네 빚 탕감이야."

"정말인가? 너무 고맙네!"

"내가 훌륭한 임금님과 함께 살면서도 임금님께 배우지 않고 멋대로 살았어. 그래서 일만 달란트나 되는 큰 빚을 질 수밖에 없었지. 그렇게 어리석은 사람이었으면서도 내가 잘나고 옳은 줄 알았어. 그 결국이 나는 물론 처자식도 종으로 팔려가야 하는 비참한 상황에 이르렀지. 그런데 임금님이 형편없는 나에게 은혜를 베푸신 거야. 그제야 임금님이 나와 마음이 다르다는 사실을 볼 수 있었어. 내가 오늘 임금님의 마음을 보았어. 세상에서 가장 아름답고 귀한 마음이었어. 그런데 나는 오랫동안 그 마음에 관심도 없이 내 멋대로 산 거야. 나는 교만했고, 거만했어. 늦었지만 이제는 임금님의 마음을 배우며 살려고. 잘못된 내 마음을 버리고 아름다운 임금님의 마음을 받아서 살 거야."

"그래, 잘 되었네. 어쨌든 너무 고맙네!"

'이전의 나였으면 자네를 감옥에 넣었겠지. 하지만 임금님의 마음이 나를 바꾸었어. 이제 나에게 부담 갖지 말고 즐겁고 편하게 살게."

이런 일이 일어났으면 얼마나 좋았겠습니까? 그리고 백 데나리온을 탕감 받은 사람이 마음에 감동을 받아서 '나도 이렇게 해보고 싶다' 하고, 다섯 데나리온 빚진 사람을 찾아갑니다.

"빚 안 갚아요? 다섯 데나리온 줘요."

"예, 드려야지요. 우선 여기 앉으시죠."

"나는 빚을 받으러 왔어요. 다섯 데나리온 달라니까요."

"죄송한데, 지금은 형편이 어려워서 드릴 수가 없습니다. 조금만 참아 주십시오. 꼭 갚겠습니다."

"뭘 갚으려고 해요? 오늘 무슨 일이 있었는지 아세요? 내가 어떤 사람에게 백 데나리온을 빚졌는데, 오늘 그 사람을 만났어요. 그가 빚을 갚으라고 해서 돈이 없다고 하자 그 사람이 기가 막힌 이야기를 했어요. 자기가 임금님께 일만 달란트를 빚졌는데 임금님이 다 탕감해 주셨대요. 그래서 자기도 내 빚을 탕감해 준대요. 내가 백 데나리온을 탕감 받았어요. 나도 그 사람처럼 하고 싶어요. 당신이 빚진 다섯 데나리온 탕감이에요"

이렇게 임금님의 마음이 온 나라에 퍼지면 나라가 얼마나 좋아지겠습니까? 사람들 마음이 밝고 따뜻하고, 감사하며 행복하게 살 것입니다. 그 나라 사람들이 다 사랑 가운데 사는 새로운 마음의 세계가 형성될 것입니다. 그렇다면 임금님이 일만 달란트를 탕감해 주어 그 돈을 잃어도 전혀 문제가 안 되고 행복할 것입니다.

큰 구원을 받고도 여전히 자기 생각을 따라 사는 악한 마음

성경은 우리 마음의 모양이 어떤지 그리고 있습니다. 우리 마음이 흘러가는 길을 가르쳐 줍니다. 일만 달란트를 탕감 받은 사람이 빚만 벗는 것이 아니라 탕감해준 임금님의 마음을 느끼면 얼마나 좋겠습니까? 임금님의 은혜가 아니면 그의 가족은 다 종으로 팔려야 했습니다.

"엄마, 아빠, 지금 헤어지면 우리 언제 만나요?"

"미안하다. 잘 가거라. 부디 건강해라."

이런 일이 일어나야 하는데 가족이 함께 살 수 있게 되었으니 얼마나 좋았겠습니까? 임금님의 은혜가 한없이 클 것입니다. 미련하게 이전처럼 일만 달란트를 빚지는 자기 마음으로 살지 않고 임금님의 마음을 받아서 살고 싶을 것입니다. 자기 마음으로 살면 다시 어려움에 빠질 수밖에 없다는 사실을 분명히 알고 다른 삶을 시작할 것입니다.

너무 슬프고 안타깝게, 이 좋은 일만 달란트를 탕감 받았지만 임금님의 아름다운 마음은 보지 못해 잘못된 자기 마음에서 돌이키지 못했습니다. 그저 자신이 즐겁게 살 생각만 했습니다. 그래서 백 데나리온 빚진 사람을 감옥에 집어넣었습니다. 주위 사람들이 그것을 보고 너무 민망해서 임금님에게 이야기했습니다. 임금님이 그 종을 불러서 뭐라고 했습니까?

"악한 종아, 네가 빌기에 내가 네 빚을 전부 탕감하여 주었거늘, 내가 너를 불쌍히 여김과 같이 너도 네 동관을 불쌍히 여김이 마땅치 아니하냐?"

임금님은 일만 달란트를 탕감해 주면서, 그 종도 다른 사람의 빚을 탕감해 주길 기다렸을 것입니다. '그의 마음에 내 마음이 담기겠지. 나와 같은 마음으로 살겠지. 나를 닮아가겠지.' 기대했을 것입니다.

하나님이 죄에 빠진 우리를 사랑하셔서 독생자를 내주어 우리 죄를 씻어 주셨습니다. 우리가 죄를 사함 받은 일은 일만 달란트를 탕감 받은 것과 같은 큰 은혜입니다. 그런데 이 큰 구원을 받고도 하나님의 크신 은혜와 사랑을 생각하지 못하고 여전히 자기 생각을 따라 사는 악한 마음을, 성경은 우리에게 이야기해주고 있습니다. 구원받은 많은 사람이 하나님의 은혜에 감사하며 하나님의 마음을 받아들이며 사는 것이 아니라, 여전히 자신이 잘난 줄 알고 자기 생각을 따라 삽니다. '내가 일만 달란트를 탕감 받았어. 나는 무얼 해도 잘 돼' 하며 자기를 세우고 자신의 욕망을 따라갑니다.

저도 구원받은 뒤, 편하게 살며 세상의 것들을 누리고 싶은 생각이 들었습니다. 그런데 그럴 수 없었던 것은, 내가 예수님을 만나기 전에 얼마나 비참했는지 알기 때문입니다. 예수님은 나에게 새 삶을 주시기 위해 십자가에 못박혀 죽으셨습니다. 그 은혜로 내가 새로운 삶을 얻었기에 내 육신의 욕망과 쾌락을 따라갈 수 없었습니다. 육신의 욕망에 끌려가다가도 나에게 베푸신 하나님의 은혜를 생각하면 그 길을 계속 갈 수 없었습니다. 복음을 전하면서 가난하기도 하고 어렵기도 했지만 감사하며 그 길을 걸을 수 있었습니다. 주님께 내 몸을 다 드리고 생명을 드려도 부족하다는 마음이 들었기 때문입니다.

자기 유익을 좇아 사는 것이 당연한 것 같지만, 우리가 죄 속에서 살던 때를 생각해 보면 그렇지 않습니다. 일만 달란트를 탕감 받은 종은 다시 감옥에 갇혔습니다. 구원받고 기뻐하던 성도가 어둠에 갇혀 지내는 것을 자주 보았습니다. 죄는 사함 받았지만 하나님의 마음은 받아들이지 않았기 때문입니다.

일만 달란트를 탕감 받는 것도 중요하지만 임금님의 마음을 받아들이는 것이 더 중요합니다. 우리가 죄 사함을 받는 것도 중요하지만 우리 죄를 사하신 하나님의 마음을 받아들이는 것이 더 중요합니다. 하나님이 우리를 보고 '저 종이 내 마음으로 사는구나. 나를 닮아 가는구나' 하신다면, 정말 놀랍지 않습니까! 우리 모두 그런 사람이 되길 바랍니다.

87강

둘이
한 몸이 될지니라

"바리새인들이 예수께 나아와 그를 시험하여 가로되 '사람이 아무 연고를 물론하고 그 아내를 내어버리는 것이 옳으니이까?' 예수께서 대답하여 가라사대 '사람을 지으신 이가 본래 저희를 남자와 여자로 만드시고 말씀하시기를 "이러므로 사람이 그 부모를 떠나서 아내에게 합하여 그 둘이 한 몸이 될지니라" 하신 것을 읽지 못하였느냐? 이러한즉 이제 둘이 아니요 한 몸이니 그러므로 하나님이 짝지어 주신 것을 사람이 나누지 못할지니라' 하시니"(마 19:3~6)

저는 마태복음을 읽다가 종종 이 말씀을 예수님의 음성으로 듣고 싶을 때가 있습니다. 예수님이 어떤 억양으로 말씀하셨는지 목소리를 듣고 싶은 마음이 일어납니다. 하지만 안 되기에 눈으로 읽으면서 예수님의 마음을 더듬어 봅니다. 저는 마태복음을 읽으면서 내 마음이 예수님의 마음과 얼마나 다른지 알았습니다. 내가 얼마나 악하고 더러운 인간인지 알았습니다. 사람이 잘났는데 낮은 마음을 가지려면 굉장히 어렵습니다. 반대로 자신이 추하고 악하면 자연스럽게 마음이 낮아지고, 쉽게 자제할 수 있습니다.

내 뼈 중의 뼈요, 살 중의 살이라
마태복음 19장에서 바리새인들이 예수님께 나아와 예수님을 시험했습니다.

"사람이 아무 연고를 물론하고 그 아내를 내어버리는 것이 옳으니이까?"

예수님이 이렇게 대답하셨습니다.

"사람을 지으신 이가 본래 저희를 남자와 여자로 만드시고 말씀하시기를 '이러므로 사람이 그 부모를 떠나서 아내에게 합하여 그 둘이 한 몸이 될지니라' 하신 것을 읽지 못하였느냐? 이러한즉 이제 둘이 아니요 한 몸이니 그러므로 하나님이 짝지어 주신 것을 사람이 나누지 못할지니라."

성경을 보면, 남자에게서 여자가 나왔다고 이야기합니다. 창세기 3장에서 하나님이 아담을 만드셨습니다. 그 후 여러 짐승을 만들어 아담에게 데려왔습니다. 아담이 그 짐승들을 보고 이름을 지어 주었습니다.

"너는 얼룩말이야. 너는 여우야. 너는 곰이야…."

아담이 이름만 주었지, 어느 짐승도 자기 배필로 삼고 싶지는 않았습니다. 하나님께서 아담을 깊이 잠들게 하신 뒤 갈비뼈를 하나 뽑아서 여자를 만드셨습니다. 아담이 잠이 깨어서 보니 하와가 있었습니다. 아담이 하와를 볼 때 마음이 끌려 사랑하였고, 둘이 부부가 되었습니다.

교회가 하와처럼 탄생했습니다. 예수님이 십자가에 못박혀 죽으시고 부활하시는 과정에서 교회가 태어났습니다. 구원받은 성도로 이루어진 교회가 예수님의 신부가 되었습니다. 예수님과 한마음을 가질 수 있는 부부가 된 것입니다. 아담이 하와를 보고 "이는 내 뼈 중의 뼈요, 살 중의 살이라."라고 했습니다. 하와는 독립된 존재가 아니고 아담의 한 부분인데, 다만 독립되어 있을 따름이었습니다. 이것이 교회와 그리스도의 관계를 나타낸 것이었습니다.

우리가 죄 사함을 받은 뒤 성도의 삶이 어떻게 시작됩니까? 아담의 갈비뼈로 하와가 만들어진 것처럼, 예수 그리스도에게서 나온 것이 우리 마음에 들어와서 새로운 삶을 이끌어 갑니다. '우리가 예수 그리스도에게 속했느냐, 속하지 않았느냐'는 우리 마음에 예수님의 말씀을 받아들였느냐 그렇지 않느냐로 결정됩니다.

우리가 예수님을 믿는 이 신비한 능력을, 사탄은 하나의 종교로 바꾸었습니다. 교회에 다니며 예수님을 믿는다고 하는 많은 사람이 착한 일을 하고, 십일조를 내고, 십계명을 지키면 하늘나라에 간다고 생각합니다. 성경은 전혀 다르게 이야기하고 있습니다. 성경을 보면 두 개의 세력이 있었고, 그 가운데 인간이 창조되었습니다.

창세기 1장을 보면, 태초에 하나님이 천지를 창조하셨다고 했습니다. 성경 학자들이 '하나님이 천지를 창조했을 때 땅이 혼돈하고 공허하며 깊은 흑암 속에 있었는가?'에 관해 이야기합니다. 많은 성경 학자들이 그렇지 않았다고 말합니다. 창세기 1장을 보면, 하나님이 "빛이 있으라." 하시매 빛이 있었고, 그 빛이 하나님이 보시기에 좋았다고 말합니다. 하나님은 빛을 좋아하시는 분이기에 땅을 어둡게 창조하실 리 없다는 것입니다. 그렇다면 창세기 1장 2절에 기록된 **"땅이 혼돈하고 공허하며 흑암이 깊음 위에 있고"**라는 상태는 누구의 솜씨이겠습니까?

우리나라에는 금고털이범을 전문적으로 잡는 형사가 있다고 합니다. 어느 곳의 금고가 털리면 그 형사가 가서 살펴봅니다. 이 사람은 우리나라에서 금고를 잘 터는 사람이 누구누구인지 압니다. 그리고 그 사람들이 금고를 터는 솜씨도 다 알고 있습니다. 그래서 금고가 털렸을 때 가서 보며 '이건 누구 솜씨다' 하고 안다고 합니다.

미국 경찰에도 폭파범을 전문적으로 잡는 경찰들이 있다고 합니다. 어느 곳에서 폭발 사고가 일어나면 그 경찰관들이 가서 살펴봅니다. 폭발물이 어떻게 터졌고, 폭발물의 회로가 어떻게 만들어졌는지 보면 '이건 아무개의 솜씨다' 하고 안다고 합니다. 아무리 회로를 구성하는 법을 바꾸어도 자기 테두리 안에서 바꾸지 근본적으로 새롭게 하지는 못한다고 합니다.

빛을 좋아하시는 하나님께서 천지를 창조하셨습니다. 그리고 또 다른 어두운 세력이 있었다는 사실을 성경은 이야기해주고 있습니다. 그 세력에 의해 땅이 혼돈하고 공허해졌으며 깊은 흑암 속에 있었습니다.

성경은 분명히 말하기를, 하나님이 "빛이 있으라." 하시매 빛이 있었고, 그 빛이 하나님이 보시기에 좋았다고 했습니다. 하나님은 빛을 좋아하시는 분이기 때문에 땅을 어두움 속에 가둬두실 리 없습니다. 하나님이 땅을 어두움에 갇혀 있도록 창조하시지 않았다는 것입니다. 악한 영이 땅을 어둡고 혼돈하게 만들었습니다. 하나님은 어두움이나 혼돈이나 공허를 싫어하시기 때문에 말씀을 보내 그것을 몰아내고 새로운 세계를 만드는 일을 하셨습니다.

빛이 생기고, 그 빛을 중심으로 갖가지 풀과 나무가 나고 열매를 맺으며, 짐승이 식물을 먹으며 살도록 만드셨습니다. 그리고 인간이 창조되었습니다. 아담이 만들어지고, 아담의 뼈로 여자가 만들어져서 둘이 한 몸을 이루어 부부가 되었습니다. 하나님이 창조하신 세계가 혼돈하고 공허하며 흑암에 둘러싸인 세상으로 변했을 때, 하나님이 다시 일하셔서 모든 것을 새롭게 하셨습니다.

예수님과 하나가 되지 못하게 하려고

누구든지 예수님의 말씀을 받아들일 때 그 사람은 예수 그리스도와 하나가 되어 예수님과 한 몸을 이루게 됩니다. 사탄은 우리가 그렇게 되지 못하게 하려고 어려서부터 자기 뜻대로 살게 만듭니다. 엄마가 아이를 낳아 기르다 보면, 아이가 자기 뜻대로만 하려고 하는 강한 고집이 속에 들어 있는 것을 느낍니다.

아이가 기저귀를 차고 지내다가 오줌을 가릴 때가 되면 엄마가 아이에게 화장실에 가서 오줌을 누라고 가르칩니다. 아이는 화장실에 가는 것이 귀찮기 때문에 그냥 오줌을 싸버립니다. 그러면 엄마가 볼

기를 때리며 혼을 냅니다. 그런 일이 반복되면 아이가 생각을 합니다. 귀찮지만 혼나는 것이 싫기 때문에 계산을 합니다. 혼나는 것이 귀찮은 것보다 더 싫으니까 귀찮아도 일어나서 화장실에 가서 소변을 봅니다.

아이들은 자기 뜻대로 하려고 하는 강한 성향을 가지고 있습니다. 성장하면서 조심해서 그렇지, 사람은 대부분 자기가 하고 싶은 대로 살려고 합니다. 하나님께서 부부가 서로 사랑하며 한 몸이 되어 살게 하셨지만 거기에도 악한 힘이 작용했습니다. 여자가 남자를 거스르고, 남자가 여자를 싫어하는 마음을 갖게 했습니다.

여자가 결혼해서 남편과 함께 살면서 자신의 주관이 강하면 사는 것이 굉장히 힘듭니다. 모든 부분에서 부딪힘이 일어납니다. 성경은, 아내는 남편에게 순종하라고 말합니다. 그냥 순종하려고 하면 너무 어렵습니다. 남편과 다른 생각을 버리고 남편의 마음을 받아들여야 그렇게 할 수 있습니다. 자신이 어떻게 살았든지 남편의 삶에 자신을 맞추면 사는 것이 쉽고, 함께 사는 것이 즐겁습니다.

어떤 면만 놓고 보면 자신이 훨씬 옳고 정확할 수 있습니다. 그러나 전체를 놓고 보면 자신의 옳음을 내려놓고 남편과 마음을 함께하는 것이 훨씬 좋습니다. 예수님이 세상에 계실 때 예수님을 섬기는 여자들이 많았습니다. 예수님이 십자가에 못박혀 죽으셨을 때에도 예수님의 무덤에 여자들이 제일 먼저 찾아갔습니다. 그런데 예수님은 여자를 제자로 택하시지 않았습니다. 여자가 어떤 일을 주관하는 것이 아니라 남편을 따라 살게 하셨습니다.

자신이 똑똑해도 남편의 마음을 받아들일 때 결혼 생활이 원만합니다. 결혼하기까지 자신의 기준을 가지고 살아왔는데, 그것을 두고 남편을 받아들이는 것은 어렵습니다. 자기 기준을 버리면 손해인 것 같지만 더 행복하게 살 수 있습니다.

한번은 우리 교회에 어떤 부인이 처음 왔습니다. 이분이 구원받은 뒤 저에게 자기는 2년 전에 이혼했다고 했습니다. 제가 왜 이혼했느냐고 물어보니 성격이 맞지 않아서 그랬다고 했습니다. 제가 물었습니다.

"성격이 맞지 않으면 이혼해요?"

"목사님, 그 사람하고 살아봐요. 힘들어서 못 살아요."

"자매님은 집에 있는 텔레비전 소리가 너무 크면 떼다 버려요?"

"아니요, 볼륨을 줄이지요."

"사람이 만든 기계에도 조절 기능이 있는데 하나님이 만드신 인간에게 왜 조절 기능이 없겠어요? 얼마든지 맞추어서 살 수 있어요."

제가 자매에게 남편과 다시 합치라고 했습니다. 자매가 제 말대로 하겠다고 했습니다. 그 후 자매 남편이었던 분을 불러서 다시 합치는 부분에 대해 이야기했습니다. 그분이 제가 하는 이야기를 진지하게 듣고 그렇게 하겠다고 했습니다. 두 사람이 다시 합쳐 행복한 가정을 이루었습니다. 하루는 남편 분이 저에게 물었습니다.

"목사님, 우리가 왜 이혼한지 아십니까?"

"성격이 맞지 않아서 그랬다면서요."

"아닙니다. 저는 잘났기 때문에 저 여자 없이도 얼마든지 잘살 수 있다고 생각했습니다. 이혼하는 것이 하나도 겁나지 않았습니다. 재미있는 사실은, 제 아내는 저보다 다섯 배는 더 잘났습니다. 제 아내

역시 저 없이도 얼마든지 잘살 수 있다고 생각했습니다. 그러니 우리는 이혼할 수밖에 없었습니다."

두 사람이 이혼하고 나니 아이들 문제를 비롯해 여러 문제가 일어났습니다. 양가 부모님도 너무 힘들어하셨습니다. 그렇게 살면서 아내가 너무 괴로워 우리 교회에 와서 먼저 구원을 받고 새 마음을 얻었습니다. 그 후 제가 남편 되는 분을 만났습니다. 정말 똑똑하고 잘난 분이었습니다. 그런데 두 사람 다 이혼한 뒤 마음이 낮아져서 제 말대로 다시 합쳤고, 이제는 서로 마음을 함께하며 행복하게 살고 있습니다.

옳아 보여도 자기 생각을 버리고 말씀을 받아들이는, 행복한 사람

아내가 자기 생각을 버리면 남편과 금방 마음을 합할 수 있습니다. 그렇지 않으면 남편과 마음을 합하는 것이 정말 어렵습니다. 성경은 아내는 남편에게 복종하라고 이야기합니다. 세상에서 가장 행복하게 사는 사람이 어떤 사람입니까? 아무리 옳아 보여도 자기 생각을 버리고 예수님의 말씀을 받아들이는 사람입니다.

우리 마음과 예수님의 마음은 너무 다릅니다. 많은 사람이 자기 생각을 그대로 두고 예수님을 믿으려고 합니다. 그렇게 하면 예수님과 절대로 함께할 수 없습니다. 내 생각을 두고 예수님을 따라가는 것이 아니라, 내 생각을 버리고 예수님의 말씀을 받아들이면 예수님과 한마음이 됩니다. 그때 사람이 가장 아름답고 복된 삶을 살게 됩니다.

야이로의 딸이 죽게 되었을 때, 야이로가 예수님을 찾아가 발아래 엎드려 자기 집에 가서 딸을 고쳐 달라고 예수님께 간구했습니다. 예수님이 야이로와 함께 가는 중에 야이로의 집에서 사람들이 와서 "당신 딸이 죽었습니다. 어찌하여 선생을 괴롭게 하나이까?"라고 했습니다. 예수님이 그 말을 듣고 야이로에게 "두려워 말고 믿기만 하라." 하셨습니다. 야이로는 자기 딸이 죽었다는 이야기를 들었지만, 사람들의 말을 따르지 않고 예수님이 하신 말씀을 마음에 받아들였습니다. 예수님의 말씀을 따랐을 때 딸이 살았습니다.

 우리가 볼 때 어떠하든지 예수님의 말씀을 받아들이는 것을 성경은 가르칩니다. 내가 볼 때 예수님의 생각이 옳고 내 생각이 틀린 것 같아서 내 생각을 버리고 예수님의 말씀을 받아들이는 것이 아닙니다. 내가 옳고 예수님이 틀린 것 같을지라도 예수님의 말씀을 받아들이는 것입니다. 저는 구원받은 뒤 자주 그렇게 했고, 그때마다 하나님의 은혜와 축복이 넘쳤습니다.

88강

둘이 아니요
한 몸이니

"예수께서 대답하여 가라사대 '사람을 지으신 이가 본래 저희를 남자와 여자로 만드시고 말씀하시기를 "이러므로 사람이 그 부모를 떠나서 아내에게 합하여 그 둘이 한 몸이 될지니라" 하신 것을 읽지 못하였느냐? 이러한즉 이제 둘이 아니요 한 몸이니 그러므로 하나님이 짝지어 주신 것을 사람이 나누지 못할지니라' 하시니"(마 19:4~6)

암꽃에 호박이 달려도 수꽃의 꽃가루를 받아들이지 않으면
예수님이 말씀하신 부부에 관한 이야기를 조금 더 하겠습니다. 저는 어릴 때 농촌에서 자랐는데 아버지가 호박을 많이 심으셨습니다. 호박꽃은 암꽃과 수꽃 두 종류가 있습니다. 암꽃은 호박이 조그맣게 달려 있고 그 위에 꽃이 핍니다. 수꽃은 호박 없이 그냥 꽃만 핍니다. 암꽃에 호박이 달려도 수꽃의 꽃가루를 받아들이지 않으면 호박도 마르고 꽃도 말라버립니다.

호박꽃 수술에는 꿀이 들어 있어서 벌이 그 꿀을 빨아먹기 위해 꽃 속으로 들어갑니다. 수꽃에도 들어가고 암꽃에도 들어갑니다. 벌이 그렇게 다니면서 수꽃의 꽃가루를 묻혀서 암꽃에 발라 줍니다. 그러면 수정이 되어 호박이 잘 자랍니다. 가끔 오랫동안 비가 내려서 벌이 날아들지 못하면 호박꽃이 피어도 암꽃이 말라 죽기 때문에, 우리가 붓으로 수꽃의 꽃가루를 묻혀 암꽃에 발라 주었습니다.

사람도 여자 몸에서 난자가 만들어져서 정자를 기다립니다. 아무리 건강하고 좋은 난자가 만들어져도 정자를 받아들이지 않으면 그 난자는 죽고 맙니다. 난자는 생각하지 못하지만, 만약 난자가 생각할 수 있다면 이런 생각을 할 것입니다. '이제 내 생명은 10일밖에 안 남았어. 그 안에 정자가 오지 않으면 나는 사라져야 돼.' '이제 3일밖에 남지 않았어.' '오늘이 마지막 날이야. 오늘 정자를 만나지 못하면 나는 사라져.' 애타는 심정으로 정자를 기다릴 것입니다.

하나님의 말씀이 씨이기에 말씀이 마음에 들어와야
어느 날 제가 성경을 읽다가 깜짝 놀랄 사실을 발견했습니다. 베드로전서 1장 23절에서 **"너희가 거듭난 것이 썩어질 씨로 된 것이 아니요 썩지 아니할 씨로 된 것이니, 하나님의 살아 있고 항상 있는 말씀으로 되었느니라."** 라고 했습니다. 우리는 신부이고 예수님은 신랑인데, 말씀이 곧 씨라는 것입니다. 우리가 거듭난 것이 썩지 않는 씨로 되었는데, 살아 있고 항상 있는 하나님의 말씀으로 되었다고 했습니다.

여자의 몸 안에서 정자가 난자를 향해 가는 동안 강한 산酸이 정자를 녹이는 일을 합니다. 많은 정자들이 산에 녹아서 죽는 동안 산이 묽어지고, 그 틈에 아주 튼튼한 정자가 난자 안으로 들어가서 난자를 만난다고 합니다. 그렇게 해서 한 생명이 태어납니다.

우리가 거듭나는 것이 꼭 그러합니다. 우리 마음에서는 스스로 어떤 일을 해도 생명을 얻거나 생명을 낳지 못합니다. 하나님의 말씀이 씨이기에 말씀이 마음에 들어와야 합니다. 어느 날, 우리가 예수님이 하시는 말씀을 듣습니다. 귀가 듣지만 귀는 분별하는 능력은 없고, 눈 또한 보기만 하지 분별하는 능력은 없습니다. 보고 들은 것을 마음에 전달해 줍니다. 우리 마음에서 예수님이 하신 말씀을 받아들일지 말지 결정합니다.

하나님의 마음과 전혀 다른 세계에서 태어나 자랐기에

사탄은 오랫동안 인간의 마음을 장악하고 있으면서 우리 생각을 하나님의 말씀과 반대쪽으로 계속 끌고 갔습니다. 그래서 사람들의 마음이 육신의 욕망과 정욕을 향해 달려갑니다. 그렇게 지내다가 예수님의 말씀을 들으면 거부 반응이 일어납니다.

열왕기하 5장에서 나아만 장군이 문둥병을 고치려고 하나님의 종인 엘리사를 찾아갔을 때, 선지자의 사환을 통해 엘리사 선지자의 말을 전해 들었습니다.

"너는 가서 요단강에 몸을 일곱 번 씻으라. 네 살이 여전하여 깨끗하리라."

그 이야기를 듣고 나아만이 화를 내며 말했습니다.

"내 생각에는, 저가 내게로 와서 그 하나님 여호와의 이름을 부르고 병든 내 몸 위에 손을 흔들어 문둥병을 고칠까 하였도다!"

자신은 아람의 군대장관이기 때문에 선지자가 자신에게 예를 갖추며 병을 고칠 것이라고 생각했습니다. 그런데 선지자는 나오지도 않고, 사환이 '요단강에서 몸을 일곱 번 씻으면 몸이 깨끗해진다'고 선지자가 한 말을 전했습니다.

'뭐? 요단강에서 씻으라고? 내가 씻지 않아서 문둥병에 걸린 줄 알아? 우리나라 다메섹에 가면 요단강보다 좋은 물이 흐르는 강이 있으니 차라리 거기서 씻으면 몸이 깨끗해지겠다.'

나아만이 하나님의 말씀을 받아들이지 않고 거부 반응을 나타내는 것을 봅니다. 노아 홍수 당시에도 사람들이 노아가 전한 하나님의 말씀을 받아들이지 않았습니다. 방주에 들어가면 살 수 있는데도 그 이야기에 거부 반응을 보였습니다.

교회에 다니는 많은 사람이 자신이 연약하거나 문제가 있어서 신앙생활이 안 된다고 생각합니다. 그렇지 않습니다. 모든 사람 속에 하나님을 거역하는 마음, 하나님의 말씀을 거부하는 마음이 있습니다.

어느 날 하나님이 아브라함을 불러 말씀하셨습니다.

"아브라함아, 네 아내 사래는 이름을 '사라'라 하라. 내가 그에게 복을 주어 그로 네게 아들을 낳아주게 하며, 내가 그에게 복을 주어 그로 열국의 어미가 되게 하리니 민족의 열왕이 그에게서 나리라."

아브라함이 그 말을 그냥 받아들이면 되는데 엎드려서 웃으며 속으로 말했습니다. '백 세 된 사람이 어찌 자식을 낳을까? 사라는 구십 세니 어찌 출산하리요?' 하나님이 하신 말씀을 받아들이지 못했습니다.

　어느 날 하나님이 모세를 부르셨습니다.

　"모세야, 모세야. 내가 너를 바로에게 보내어 너로 내 백성 이스라엘 자손을 애굽에서 인도하여 내게 하리라."

　그러자 모세가 말했습니다.

　"내가 누구관대 바로에게 가며 이스라엘 자손을 애굽에서 인도하여 내리이까?"

　아브라함이나 모세는 하나님을 섬기는 사람이었지만, 사탄이 그들 속에도 하나님을 거부할 수 있는 많은 것들을 심어 놓아서 하나님의 말씀을 받아들이지 못하게 만들었습니다.

　어느 날 예수님이 제자들에게 말씀하셨습니다.

　"오늘 밤에 너희가 다 나를 버리리라."

　그러자 베드로가 말했습니다.

　"다 주를 버릴지라도 나는 언제든지 버리지 않겠나이다."

　예수님이 다시 말씀하셨습니다.

　"내가 진실로 네게 이르노니, 오늘밤 닭 울기 전에 네가 세 번 나를 부인하리라."

　베드로가 다시 힘주어 말했습니다.

　"내가 주와 함께 죽을지언정 주를 부인하지 않겠나이다."

　예수님이 하신 말씀을 받아들이지 못하는 베드로의 모습을 봅니다.

　성경에는 인간이 하나님과 대화하는 장면들이 나옵니다. 앞에 이야기한 것처럼 처음에는 인간이 하나님의 말씀을 받아들이지 못합니다. 사탄이 인간의 마음을 수천 년 지배하는 동안 인간의 마음에 하나님의 말씀과 다른 생각을 넣어서 하나님의 말씀을 받아들이지 못하게 만들었습니다. 정자가 난자를 향해 헤엄쳐 갈 때 강한 산이 막는 것처럼, 우리 안에 들어 있는 강한 생각이 하나님의 말씀을 가로막습니다.

사람은 다 하나님의 마음과 전혀 다른 세계에서 태어나 자랍니다. 그 세계에서 먹고 자고 일어나고, 그 세계에서 돈을 벌며 삽니다. 거기에 아주 익숙해져 있어서 예수님의 말씀을 받아들이려고 하면 거부 반응이 일어납니다. 자신이 살았던 세계와 너무 다른 말씀이어서 그 말씀을 따르면 잘못되거나 망할 것처럼 보입니다. 두려움이 생겨 말씀을 받아들이려고 하면 자꾸 거부하게 됩니다.

자신의 생각에서 돌아선 뒤 말씀을 받아들여야

호박꽃이 수정되면 호박이 자라고 정자와 난자가 만나면 새 생명이 만들어지듯이, 우리 마음에 하나님의 말씀을 받아들이면 놀라운 일이 일어납니다. 하나님의 마음이 담긴 새로운 생명이 우리 마음에 자리 잡아 새로운 세계가 시작됩니다. 그 삶은 정말 기쁘고 즐겁고 행복합니다.

자기 생각을 버리지 못하면 하나님의 말씀을 받아들이지 못합니다. 하나님의 말씀도 좋고 육신적인 것도 좋다고 여겨 두 사이를 왔다 갔다하다가 인생이 끝나버립니다. 그렇게 인생을 마치는 사람이 많습니다. 우리가 하나님의 세계에서 살기 위해 애를 써야 하는 것이 아닙니다. 충성해야 하는 것도 아닙니다. 새로운 생명을 만드는 씨인

하나님의 말씀이 마음에 들어와야 합니다.

성경은 "회개하고 복음을 믿으라." 하였습니다. 먼저 회개해야 합니다. 자신의 생각에서 돌아서야 합니다. 우리가 가진 생각 속에서는 하나님의 말씀이 절대로 싹을 틔우지 않습니다. 우리가 가진 생각을 전부 부인해야 합니다. '이 생각은 좋아 보이고 나에게 가깝고 익숙한 것은 사실이야. 그러나 이 생각을 따라가면 망해.'

저는 내 생각을 따라가면 망한다는 사실을 정확히 알았습니다. 우리 속에서 많은 생각들이 떠오릅니다. 좋은 생각, 그럴 듯한 생각도 있습니다. 저는 그런 생각을 따라가는 것이 두렵습니다. 그래서 옆에 두고 '주님, 제 생각은 이런데 당신 생각은 어떻습니까? 말씀으로 보여 주십시오' 합니다. 제가 내 생각을 따르길 원치 않고 예수님의 말씀을 따르고 싶은 마음을 갖게 되었습니다. 하나님께서 그런 나에게 당신의 뜻을 보여 주시고, 당신의 말씀을 깨닫게 해주셨습니다. 내 마음을 이끌어 가셨습니다. 그러는 동안 전에 없었던 마음의 세계가 내 안에 형성되었고, 하나님이 역사하시는 것을 볼 수 있었습니다.

다윗은 인간인데 어떻게 하나님과 같은 마음을 가질 수 있었는가?
사무엘하를 보면, 하나님께서 사방의 대적을 물리쳐 다윗으로 하여금 궁에 평안히 거하게 하신 때에 다윗이 선지자 나단에게 말했습니다.

"왕이 선지자 나단에게 이르되, 볼지어다. 나는 백향목 궁에 거하거늘 하나님의 궤는 휘장 가운데 있도다."(삼하 7:2)

다윗은 백향목으로 지은 궁에 거하는데 하나님의 법궤는 천막 가운데 있었습니다.

"나단이 왕께 고하되, 여호와께서 왕과 함께 계시니 무릇 마음에 있는 바를 행하소서."(삼하 7:3)

다윗이 하나님의 성전을 짓고 싶었습니다. 그런데 다윗은 전쟁에서 피를 많이 흘렸기 때문에 성전을 짓지 못하고 그 아들 솔로몬이 지을 것이라고 하나님이 말씀하셨습니다. 사무엘하 8장부터는 다윗이 전쟁한 이야기가 기록되어 있습니다. 다윗이 전쟁에서 계속 승리해 전리품을 많이 얻었습니다. 다윗이 얻은 금이나 은이나 보석들이 성전을 짓는 재료로 쓰였습니다.

이스라엘 백성이 애굽에서 나와 가나안 땅에 들어갔습니다. 하나님은 그들의 하나님이 되길 원하셨습니다. 그래서 성전이 지어지길 바라셨습니다. 그런데 이스라엘 백성이 가나안 땅에 들어간 뒤 성전 지을 생각을 하지 않았습니다. 세월이 아주 많이 흐른 뒤에야, 다윗이 성전을 짓고 싶은 마음을 가졌습니다. 다윗이 가진 그 마음이 하나님의 뜻과 같았습니다. 그 후 솔로몬이 성전을 지었습니다. 이스라엘 백성이 애굽에서 나온 지 480년이 지난 뒤였습니다.

하나님이 원하시는 바가 다윗의 마음에 똑같이 있었습니다. 그것이 어떻게 가능합니까? 다윗은 인간이니 인간적인 생각을 해야 하는데 어떻게 하나님과 같은 마음을 가질 수 있었습니까? 다윗이 자기 생각을 버리고 하나님의 뜻을 받아들이면서 다윗의 마음에 하나님의 마음이 흘렀습니다. 그러니까 성전을 지을 수 있도록 하나님이 전쟁에서 승리하게 길을 열어 주셨습니다.

다윗 전에 사울 왕도 있었고, 삼손처럼 힘이 센 사사도 있었습니다. 그러나 그들은 성전을 짓기 원하시는 하나님의 마음을 몰랐습니다. 자기 생각 속에 머물러 있었기 때문입니다. 하나님의 마음이 들어와야 하는데 자기 안에서 만족하며 살았기 때문에 그들은 하나님의 마음을 알 수 없었습니다.

누구든지 자신이 악한 것을 발견하면, 그래서 자기 생각을 따라 살면 망한다는 사실을 정확히 알면 자기 생각을 버리게 됩니다. 하나님의 마음을 더듬게 됩니다. 그렇게 살면 놀랍게도 하나님이 무엇을 원하시는지 알게 됩니다.

저도 내가 악하다는 사실을 정확히 안 뒤, 하나님의 뜻을 마음에 받아들이면서 나를 향한 하나님의 계획을 발견할 수 있었습니다. 그 계획을 내가 이루려고 하지 않아도 하나님이 이루어 가시는 것을 볼 수 있었습니다. 복음을 전하도록 모든 길을 열어 가시는 것을 볼 수 있었습니다. 문제도 있고 어려움도 있지만, 그때마다 하나님이 은혜를 베푸셔서 모든 것을 축복으로 바꾸셨습니다.

구원받은 성도는 예수 그리스도의 신부이기 때문에 마음에 예수님의 말씀을 받아들여야 합니다. 말씀을 받아들이기 위해 마음을 비워야 합니다.

89강

무슨 선한 일을 하여야 영생을 얻으리이까?

"어떤 사람이 주께 와서 가로되 '선생님이여, 내가 무슨 선한 일을 하여야 영생을 얻으리이까?' 예수께서 가라사대 '어찌하여 선한 일을 내게 묻느냐? 선한 이는 오직 한 분이시니라. 네가 생명에 들어가려면 계명들을 지키라.' 가로되 '어느 계명이오니이까?' 예수께서 가라사대 '살인하지 말라, 간음하지 말라, 도적질하지 말라, 거짓 증거하지 말라, 네 부모를 공경하라, 네 이웃을 네 몸과 같이 사랑하라 하신 것이니라.' 그 청년이 가로되 '이 모든 것을 내가 지키었사오니 아직도 무엇이 부족하니이까?' 예수께서 가라사대 '네가 온전하고자 할진대 가서 네 소유를 팔아 가난한 자들을 주라. 그리하면 하늘에서 보화가 네게 있으리라. 그리고 와서 나를 좇으라.' 하시니 그 청년이 재물이 많으므로 이 말씀을 듣고 근심하며 가니라."(마 19:16~22)

자신이 선한 일을 해서 영생을 얻을 수 있다고 생각했다

마태복음 19장에서 어떤 사람이 예수님께 와서 물었습니다.

"선생님이여, 내가 무슨 선한 일을 하여야 영생을 얻으리이까?"

이 사람은 자신이 선한 일을 해서 영생을 얻을 수 있다고 생각했습니다. 그러나 성경이 이야기하는 중요한 사실 가운데 하나가, 인간은 악해서 선을 행할 수 없다는 것입니다.

사람들이 가장 많이 착각하는 것이, 자신을 긍정적으로 봅니다. 자신이 잘한 것은 오래 기억하고 잘못한 것은 쉽게 잊어버리기 때문에 자신에 대해 항상 긍정적으로 생각합니다. 선한 일을 하면 오래 기억하며 '내가 잘했다'는 생각에 즐거워합니다. 반대로 부끄러운 일들은 기억하기 싫기 때문에 마음에 두지 않습니다. 그러다 보니 자신이 괜찮은 사람이라고 생각합니다. 잘못된 몇몇 가지만 고치면 하나님 앞에 설 수 있다고 생각합니다.

성경은 우리 마음이 근본적으로 악하고 추하다는 사실을 자주 이야기합니다. 사람이 악한 마음을 숨기고 자제하며 살기 때문에 선한 것처럼 드러날 뿐입니다. 우리가 볼 때에는 선한 것이 있는 것 같지만 하나님이 보실 때에는 인간에게 선한 것이 전혀 없다고 성경은 이야기합니다. 사람들이 이 사실을 잘 몰라 자신이 선하게 살아서 하늘나라에 가려고 합니다. 그러나 인간이 선하게 산다는 모든 것이 하나님 앞에서는 악할 뿐이기에 결국 멸망을 당할 수밖에 없습니다.

율법에 기록된 대로 죄를 짓지 않고 선하게 살 거야!

사람들은 자기가 좋아하는 대로 생각합니다. '내가 왜 율법을 지킬 수 없어? 지키려고 하면 지키지. 거짓말하지 않으려고 하면 안 할 수 있어. 도둑질도, 간음도 하지 않을 수 있어. 부모님을 공경하면서 살면 되고….' 어떤 사람은 이처럼 자기가 십계명을 지킬 수 있다고 생각합니다. 자기 마음에 작용하고 있는 사탄의 역사를 모르기 때문입니다.

예수님 앞에 나온 청년도 자신이 악하다는 사실을 모르고 "내가 무슨 선한 일을 하여야 영생을 얻으리이까?"라고 물었습니다. 영생을 얻는 것은 '인간이 무엇을 하고 안 하고'에 달려 있는 것이 아닙니다. '하나님의 말씀을 받아들이느냐, 받아들이지 않느냐'에 달려 있습니다. 그런데 이 사람은 영생 얻는 것을 자신이 이룰 수 있다고 생각했습니다.

성경 학자들이 하나님께서 인간에게 율법을 주신 때를 컴퓨터로 계산해 보니 BC 1491년이었습니다. 그때 모세가 시내산에서 십계명이 새겨진 돌판을 받아 내려왔습니다. 약 1,500년 뒤에 예수님이 이 땅에 오셨습니다. 그 기간 동안 수없이 많은 사람이 세상을 살다 갔지만 율법을 온전히 지킨 사람은 한 사람도 없었습니다. 그래서 인간은 율법 아래서 계속 저주를 받고 저주를 받았습니다. 예수님 이후로도 율법을 온전히 지킨 사람은 하나도 없었습니다.

그런데도 사탄은 인간이 율법을 지킬 수 있을 것처럼 사람들을 속입니다. '이번에는 율법을 어기고 죄를 지었지만 앞으로는 절대로 죄를 짓지 않을 거야! 율법에 기록된 대로 죄를 짓지 않고 선하게 살 거야!' 생각에서는 율법을 지키며 선하게 살 것 같지만, 또 율법을 어기고 죄를 짓습니다. 그러고는 또 죄를 짓지 않겠다고 마음먹습니다.

얼마나 많은 사람들이 이렇게 사는지 모릅니다.

인간이 율법을 지킬 수 없다는 사실을 모르는 사람은 자꾸 율법을 지켜서 의롭게 되려고 합니다. 그러나 성경은 하나님이 우리에게 율법을 주신 목적을 분명히 이야기하고 있습니다.

"우리가 알거니와 무릇 율법이 말하는 바는 율법 아래 있는 자들에게 말하는 것이니, 이는 모든 입을 막고 온 세상으로 하나님의 심판 아래 있게 하려 함이니라. 그러므로 율법의 행위로 그의 앞에 의롭다 하심을 얻을 육체가 없나니 율법으로는 죄를 깨달음이니라."(롬 3:19~20)

하나님은 우리가 율법을 다 지켜서 의롭게 되라고 율법을 주신 것이 아닙니다. 율법을 어기고 죄를 짓는 자신을 발견하고, 그 결과로 하나님의 심판을 받을 수밖에 없다는 사실을 알게 하려고 율법을 주셨습니다. 율법을 지키려고 하면 자꾸 어기고 죄를 짓는 자신을 발견하게 됩니다. 율법을 지키려고 하면 할수록 더러운 죄악이 드러납니다. '아, 내가 정말 악하고 더럽구나!' 우리 안에 있는 죄를 깨닫게 됩니다. 율법을 지켜서 의롭게 될 수 있는 사람은 없습니다. 오히려 죄가 더해집니다.

"율법이 가입한 것은 범죄를 더하게 하려 함이라. 그러나 죄가 더한 곳에 은혜가 더욱 넘쳤나니"(롬 5:20)

인간은 이미 악합니다. 그 사실을 잘 모르고 지내다가 율법을 지키려고 하면서 자신이 얼마나 악한지 알게 됩니다. '나는 정말 추하고 더럽고 악하구나! 늘 죄를 짓고, 죄에서 벗어날 수 없구나.'

정말 많은 사람들이 어리석게도 율법을 지키려고 합니다. 율법을 어기고 죄를 짓고도 '이번에는 잘못했지만 앞으로는 잘할 거야!' 하며 율법을 지키며 의롭게 살겠다고 각오하고 다짐합니다. 그러나 율법은 한 번만 어겨도, 모든 율법 중에서 하나만 어겨도, 그 후로 아무리 잘 지켜도 소용이 없습니다. 지은 죄로 인해 멸망을 당해야 합니다. 우리가 율법을 지켜서 의롭게 되는 것은 아예 불가능합니다.

율법과 상관없는 하나님의 의

그렇다면 우리가 어떻게 의롭게 될 수 있습니까? 로마서 3장에서 그 길을 이야기합니다.

"이제는 율법 외에 하나님의 한 의가 나타났으니, 율법과 선지자들에게 증거를 받은 것이라. 곧 예수 그리스도를 믿음으로 말미암아 모든 믿는 자에게 미치는 하나님의 의니 차별이 없느니라."(롬 3:21~22)

여기에 새로운 의에 관한 이야기가 나옵니다. 율법을 지켜서 얻는 의가 아닌, 율법과 상관없는 하나님의 의가 나타났다고 했습니다. 율법을 지키는 것과 관계 없이 깨끗하고 의롭게 되는 길이 있습니다. 바로 예수님을 믿을 때 하나님의 의가 우리 마음에 임해서 우리가 의로워지는 길입니다. 이 의는 율법을 지켜서 얻는 의와는 전혀 다른 의입니다. 우리가 죄를 짓지 않고 선하게 살아서 의롭게 되는 것이 아니라, 예수 그리스도의 의를 받아들여서 의롭게 되는 것입니다. 율법을 지키려고 하다가 죄인인 자신을 발견한 사람, 하나님의 심판을 받을 수밖에 없는 자신을 발견한 사람이 이 의를 얻습니다.

한번은 제가 미국에 가는데 여행사를 운영하는 형제가 함께 갔습니다. 출국하는 날 공항에 가자 형제가 자기 표를 보여 주었습니다. 저는 3등석인데 형제는 1등석이었습니다. 시간이 되어 비행기에 타자, 형제가 3등석 자리에 앉아 있는 저에게 다가와 말했습니다.

"목사님, 제 자리로 가시지요."

"아니야. 나는 이 자리가 좋아. 형제가 1등석을 끊었으니 거기 앉아서 가면 돼."

"제가 마일리지가 많아서 목사님 드리려고 일부러 1등석을 준비했습니다."

저는 키가 작아서 3등석을 타도 별로 불편하지 않습니다. 제가 그냥 3등석을 타고 가겠다고 했지만 형제가 간곡하게 부탁하고, 동행하던 분들도 그렇게 하면 좋겠다고 해서 1등석으로 갔습니다. 형제와 제가 자리를 바꿔 앉았습니다.

예수님과 우리 관계가 꼭 그렇습니다. 예수님은 의로우시고, 우리는 더러운 죄인으로 멸망을 당해야 했습니다. 그런데 예수님이 우리를 사랑하셔서 당신이 가진 의를 우리에게 주시고, 대신 우리가 가지고 있던 죄를 가져가셨습니다. 예수님은 벌을 받을 일이 없었지만, 우리 죄를 가져가셨기 때문에 십자가에 못박혀 죽어 그 죄의 벌을 받으셨습니다. 대신 우리는 영원한 천국에 갈 수 있게 되었습니다. 멸망을 당해야 하는 우리가 천국에 가도록 예수님이 길을 여셨습니다.

우리가 의롭게 되었습니다. 이 의는, 우리가 죄를 짓지 않고 깨끗하게 살아서 생긴 의가 아닙니다. 예수님이 주신 의입니다.

"모든 사람이 죄를 범하였으매 하나님의 영광에 이르지 못하더니, 그리스도 예수 안에 있는 구속으로 말미암아 하나님의 은혜로 값 없

이 의롭다 하심을 얻은 자 되었느니라."(롬 3:23~24)

　이 말씀대로 우리는 분명히 죄를 지어서 하나님의 영광에 이를 수 없었습니다. 멸망을 당해야 했습니다. 그런데 예수님이 우리 죄를 짊어지고 우리 대신 벌을 받아 우리가 지은 죄의 값을 다 치렀습니다. 우리를 죄에서 벗어나게 해주셨습니다. 예수님의 죽음으로 우리가 아무 일도 하지 않고 의롭게 되었습니다.

　우리가 의롭게 되기 위해서 율법을 지키거나 무엇을 해야 하는 것이 아닙니다. 하나님의 사랑을 마음에 받아들여야 합니다. 우리를 위해 예수님이 이루신 일을 받아들여야 합니다. 그 사실을 기록한 성경 말씀을 그대로 받아들여야 합니다. 우리가 서야 할 저주의 자리에 예수님이 대신 서서 저주를 받으셨습니다. 십자가를 지고 죽임을 당하셨습니다. 반대로 예수님이 앉아야 할 영광스런 자리에 우리를 앉히셨습니다. 우리가 선해서도 아니고 잘나서도 아닙니다. 예수님이 이 모든 일을 이루셨습니다.

하나님 앞에 나아가려면 누구라도 예수님의 십자가를 통과해야

한 청년이 예수님께 와서 "선생님이여, 내가 무슨 선한 일을 하여야 영생을 얻으리이까?"라고 물었습니다. 예수님이 율법대로 행하라고 하시자 자신이 율법을 다 지켰다고 말했습니다. 예수님이 그에게 "네 소유를 팔아 가난한 자들을 주라. 그리고 와서 나를 좇으라." 하셨습니다. 그러자 그가 재물이 많은 고로 근심하며 돌아갔습니다.

　이 청년은 '이웃을 네 몸과 같이 사랑하라'는 율법을 지켰다고 말했지만 전혀 그렇지 않았습니다. 이웃을 자기 몸처럼 사랑하려면 재산을 다 팔아서 이웃에게 나눠주어야 합니다. 우리는 절대로 이웃을 내 몸처럼 사랑하지 못합니다. 이웃 사람이 밥을 먹지 못해서 배가 고파도 내 배는 안 고픕니다. 이웃이 옷을 제대로 입지 못해 겨울에 추워서 벌벌 떨어도 나는 좋은 옷을 입고 있으면 추위를 느끼지 못합니다. 이웃의 아픔이나 고통이 전혀 느껴지지 않는데 어떻게 이웃을 내 몸처럼 사랑하겠습니까?

이 청년은 율법을 대충 지키고 율법을 잘 지켰다고 생각했습니다. 율법을 지킬 수 없는 사람이었지만 자신이 율법을 지킬 수 있고, 율법을 지켜서 영생을 얻을 수 있다고 생각했습니다. 만일 이 사람이 무엇을 해서 영생을 얻을 수 있다면 하나님이 무엇 때문에 예수님을 세상에 보내시겠습니까? 예수님이 십자가에 못박혀 죽으시지 않아도 됩니다. 인간의 행위로는 영생을 얻을 수 없기 때문에 하나님이 예수님을 이 땅에 보내셔서 우리를 구원하게 하셨습니다.

우리가 신앙생활을 하면서 하나님의 세계로 들어갈수록 인간적인 행위는 아무것도 아닌 것이 됩니다. 반대로 하나님의 세계에 대해 무지할수록 인간이 하는 것이 대단해 보이고 예수님이 하신 일은 시들해 보입니다. 기독교 역사에 위대한 사람들이 있었고, 인류 역사에도 선하고 위대한 사람들이 있었습니다. 그분들이 위대한 일을 했을지라도, 하나님 앞에 나아가려면 그 어떤 사람이든지 예수님의 십자가를 통과해야 합니다. 십자가에 못박히신 예수님으로 말미암아 하나님 앞에 설 수 있습니다. 자신이 행한 것으로는 결코 하나님 앞에 설 수 없습니다. 우리가 영생을 얻는 것은 100퍼센트 예수 그리스도로 말미암습니다.

"곧 예수 그리스도를 믿음으로 말미암아 모든 믿는 자에게 미치는 하나님의 의니 차별이 없느니라."(롬 3:22)

우리가 예수님을 믿음으로 의롭게 됩니다. 믿는다는 것은 마음에 받아들이는 것을 말합니다. '예수님이 내 죄를 다 짊어지시고 내가 당할 저주를 당하셨구나. 그리고 예수님의 의를 나에게 주셨구나.' 우리는 죄를 지은 악한 자들이었지만 예수님이 우리를 깨끗하고 의롭고 거룩하게 하셨습니다.

"도적이나 탐람하는 자나 술 취하는 자나 후욕하는 자나 토색하는 자들은 하나님의 나라를 유업으로 받지 못하리라. 너희 중에 이와 같은 자들이 있더니, 주 예수 그리스도의 이름과 우리 하나님의 성령 안에서 씻음과 거룩함과 의롭다 하심을 얻었느니라."(고전 6:10~11)

예수라는 이름은 '여호와의 구원'이라는 뜻입니다. 예수님이 십자가에 못박혀서 우리를 구원하는 일을 다 이루셨습니다.

율법은 두 가지로 읽을 수 있습니다. 하나는 '내가 율법을 잘 지키면 의롭게 되겠다'라고 읽는 것이고, 다른 하나는 '나는 아무리 율법을 지키려고 해도 지킬 수 없구나. 율법은 내가 죄인이라는 사실을 가르쳐 주는구나'라고 읽는 것입니다. 율법으로 자신의 죄를 깨달은 사람은 예수님의 의를 받아들여서 의롭게 되는 길을 선택합니다.

90강

너희도 포도원에 들어가라

"천국은 마치 품꾼을 얻어 포도원에 들여보내려고 이른 아침에 나간 집주인과 같으니, 저가 하루 한 데나리온씩 품꾼들과 약속하여 포도원에 들여보내고, 또 제 삼시에 나가 보니 장터에 놀고 섰는 사람들이 또 있는지라. 저희에게 이르되 '너희도 포도원에 들어가라. 내가 너희에게 상당하게 주리라' 하니 저희가 가고, 제 육시와 제 구시에 또 나가 그와 같이 하고, 제 십일시에도 나가 보니 섰는 사람들이 또 있는지라. 가로되 '너희는 어찌하여 종일토록 놀고 여기 섰느뇨?' 가로되 '우리를 품꾼으로 쓰는 이가 없음이니이다.' 가로되 '너희도 포도원에 들어가라' 하니라."(마 20:1~7)

마태복음에는 다른 복음서보다 예수님이 직접 말씀하신 내용이 많아서 저는 마태복음을 좋아했습니다. 예수님의 설교를 듣고 싶으면 마태복음을 펴서 읽었습니다. 요한복음은, 요한이 예수님께서 사람과 대화하는 내용을 많이 실었습니다. 요한복음 3장에는 예수님이 니고데모와 대화하는 내용이 나옵니다. 4장에는 사마리아 여자와 나눈 대화를 자세히 기록해 놓았습니다. 5장에는 38년 된 병자와 나눈 이야기가 기록되어 있습니다. 6장에서는 예수님이 떡을 찾는 사람들과 이야기를 나눕니다. 8장에서는 간음하다 잡힌 여자와 이야기를 나누고, 9장에서는 눈먼 소경과 이야기합니다.

신기한 것은, 사람들이 예수님과 이야기를 나누면서 마음이 예수님과 하나가 됩니다. 38년 된 병자는 예수님이 하신 "일어나 네 자리를 들고 걸어가라."라는 말씀을 듣고, 말도 안 되는 소리 같지만 마음에 그대로 받아들여서 일어나 자리를 들고 걸어갔습니다. 소경은 실로암 못에 가서 씻으라는 말씀을 듣고 실로암으로 갔습니다. 제가 성경을 읽으면서 늘 깨닫는 것은 아니지만, 성경을 읽을 때마다 거의 매번 신선함을 느낍니다. 성경에 담긴 세계가 내 마음에 다가오면서 세상 어디에서도 느낄 수 없는 기쁨과 평안과 믿음과 사랑을 느낍니다.

일을 시키려는 것이 아니라 포도원에 들여보내려고
마태복음 20장은 **"천국은 마치 품꾼을 얻어 포도원에 들여보내려고 이른 아침에 나간 집주인과 같으니"**라는 이야기로 시작합니다. 옛날 우리나라에서는 농사를 짓다가 일손이 부족하면 머슴을 데려다 썼습니다. 머슴으로 일할 사람과 '1년에 벼 세 가마를 줄 테니 와서 일해라' 하고 계약을 맺었습니다. 그렇게 오랫동안 일하는 것이 아니라 잠시 일해주고 삯을 받아가는 사람은 품꾼이라고 했습니다.

우리 아버지도 농사를 지으면서 모내기를 할 때 등 일손이 필요하면 품꾼을 구해서 썼습니다. 모내기를 하면, 품꾼으로 온 사람들이 일자로 줄지어 서서 모를 심습니다. 아버지는 모를 심을 때 첫 번째는 누가 심고 두 번째는 누가 심는지 다 기억해 놓습니다. 그리고 모내기를 마친 뒤 다시 논에 가서 살펴봅니다. 어떤 사람이 심은 모는 다 뿌리가 잘 박혀 있지만 어떤 사람이 심은 모는 중간중간 물 위에 떠 있습니다. 아버지는 모를 대충 심은 사람을 기억해 두었다가 다시는 그 사람을 쓰지 않았습니다. 그 사람이 돈을 받지 않고 일해 준다고 해도 "사람을 다 구했네." 하고 거절했습니다.

아버지는 품꾼에게 일을 많이 시키려고, 품꾼들이 오기 전에 일할 준비를 다 해놓습니다. 아버지가 품꾼을 얻는 이유는 일을 시키기 위해서입니다. 일을 시키지 않을 목적으로 품꾼을 얻는 사람은 없습니다. 마태복음 20장 이야기는 조금 이상합니다. 천국은 마치 품꾼을 얻어서 포도원에 들여보내려고 이른 아침에 나간 집주인과 같다고 했습니다. 이 주인은 품꾼에게 일을 시키는 것이 목적이 아니라 포도원에 들여보내는 것이 목적입니다.

품꾼들은 주인이 없으면 일을 제대로 안 합니다. 하는 척하면서 대충 합니다. 그러니까 품꾼을 얻으면 주인이 옆에 같이 있어야 합니다. 그런데 마태복음 20장에 나오는 주인은 다릅니다. 이른 아침에 품꾼을 얻어 포도원에 들여보낸 뒤, 제 3시에 나가서 장터에서 놀고 섰는 사람들을 보고 포도원에 들여보냈습니다. 제 6시와 9시와 11시에도 나가서 품꾼을 얻어 포도원에 들여보냈습니다. 주인이 어디에 있었습니까? 포도원에서 일하는 품꾼들과 같이 있는 것이 아니라 장터에 있었습니다.

주인은 품꾼을 포도원에 들여보내는 목적이 일을 시키는 것이 아니라는 것을 분명히 알 수 있습니다. 주인은 품꾼으로 부른 사람들에게 그냥 품삯을 주려는 것입니다. 주인이 하루 일이 다 끝나가는 11시에 나가서 보니 사람들이 또 있었습니다. 주인이 물었습니다.

"너희는 어찌하여 종일토록 놀고 여기 섰느뇨?"

"우리를 품꾼으로 쓰는 이가 없음이니이다."

"너희도 포도원에 들어가라."

그 사람들은 포도원에 들어가고 얼마 되지 않아 날이 저물어 하루 일이 끝났습니다. 주인이 청지기에게 "품꾼들을 불러서 나중 온 자로부터 시작하여 먼저 온 자까지 삯을 주라." 했습니다. 청지기가 11시에 들어온, 포도원에 제일 늦게 들어온 품꾼들에게 하루 품삯인 한 데나리온을 주었습니다. 그들은 생각지 못한 품삯을 받아 너무 감사했습니다. 11시에 들어온 사람이 한 데나리온을 받는 것을 보고 이른 아침에 들어온 사람이 생각했습니다.

'야, 한 시간도 제대로 일하지 않은 사람에게 한 데나리온을 주네. 우리는 이른 아침부터 일했으니까 열 데나리온을 줄까? 그렇게까지 주지는 않겠고 다섯 데나리온쯤 줄까? 아무리 적어도 세 데나리온은 주지 않을까?'

그런데 모든 품꾼에게 한 데나리온씩 주었습니다. 그러니까 이른 아침에 들어온 사람 입에서 주인을 향해 원망이 튀어나왔습니다.

"나중 온 이 사람들은 한 시간만 일하였거늘 왜 종일 수고와 더위를 견딘 우리와 똑같이 품삯을 줍니까?"

주인이 말했습니다.

"친구여, 내가 너에게 잘못한 것이 없노라. 네가 나와 한 데나리온을 받기로 약속하지 아니하였느냐? 나중에 온 사람에게 너와 같이 주는 것이 내 뜻이니라."

나 같은 사람이 이처럼 귀한 일을 할 수 있다니…

우리 선교회에 많은 목회자들이 있습니다. 그 목회자들은 크게 두 부류로 나누어집니다. 한 부류는 목회를 하면서 이렇게 생각합니다.

'나는 죄에 빠져 영원한 멸망을 당할 사람이었어. 하나님의 은혜가 아니었다면 세상에서도 비참하게 살았어야 할 사람이야. 술주정뱅이가 되었거나 마약이나 도박에 빠져 살았을지 몰라. 내가 이렇게 사는 것은 하나님의 은혜야. 그리고 내가 복음을 위해 일하는 동안 하나님이 나에게 지혜도 주시고 말씀도 깨닫게 해주셨어. 내가 하는 모든 일에 하나님이 역사하셔서 귀한 열매를 맺게 하셨어. 이 모든 것이 정말 하나님의 은혜야!'

이런 목회자는 복음의 일을 맡기면 '나 같은 사람이 이처럼 귀한 일을 할 수 있다니…' 하며 감사하게 받습니다. 이 사람이 주님을 위해 사는 동안 구원받는 사람들이 일어나 기쁘고, 성도들의 삶이 좋게 바뀌어 즐겁고 행복합니다. 예수님 안에서 귀한 시간을 보냅니다.

다른 부류의 목회자는 이런 마음을 가지고 있습니다.

'나는 목회를 잘해. 내가 설교를 아주 잘해서 많은 사람을 변화시

컸어. 하나님의 일도 많이 했어. 이 목회자보다 훌륭한 일을 많이 했고, 저 목회자보다 어려운 일을 많이 했어.'

이런 사람은 높임을 받으려고 합니다. 자신을 인정해주지 않으면 '내가 일을 많이 했는데 왜 나를 인정해주지 않지?' 하며 불편한 마음이 일어납니다.

내가 복음을 위해 일하지 않았으면 이런 은혜를 입었겠나?

저는 예수님을 만나기 전에 인생이 너무 어둡고 힘들었습니다. 하나님의 은혜로 1962년에 예수님을 만났고, 마음에서 예수님과 하나가 되었습니다. 하나님의 은혜를 입어 복음을 전하는 전도자가 되고 성도들을 돌보는 목회자가 되었습니다. 돌이켜 생각해 보면, 저는 내가 목사가 된다는 것을 상상도 하지 않았습니다.

지금은 많이 좋아졌지만, 젊었을 때 저는 혀가 짧아서 말이 분명하지 않았습니다. 제가 결혼한 뒤 제 아내가 저에게 '삼십삼 년'을 '산싯산 년'이라고 한다고 했습니다. 제가 초등학교에 다닐 때 책을 읽으면 친구들이 다 웃었습니다. 구원받고 복음을 전하면서 발음을 고치려고 애를 많이 썼습니다. 한 글자 한 글자에 힘을 주어 말했습니다. 그래서 지금은 '삼십삼 년'이라고 말합니다.

저는 하나님의 일을 하기에 모든 것이 합당하지 않은 사람이었습니다. 성격도 좋지 않고 말씀을 전할 줄도 몰랐습니다. 그런데 하나님이 지혜를 주셔서 성경을 읽을 때 말씀을 깨달을 수 있었습니다. 성경 속에 담겨 있는 세계를 볼 수 있는 눈을 주셔서 전에 느끼지 못했던 새로운 세계를 발견할 수 있었습니다.

어머니의 얼굴이 아무리 고와도, 꽃이 아무리 예뻐도 소경에게는 의미가 없습니다. 눈을 뜨고 보아야 아름다움을 느낄 수 있습니다. 저는 영적으로 소경이었기 때문에 성경을 읽어도 제대로 볼 수 없었습니다. 성경에서 '은혜'라는 단어를 읽지만 그것이 어떤 뜻인지 몰랐습니다. 때때로 하나님의 은혜라는 말을 사용했지만 그 의미를 몰랐습니다. 그냥 보기 좋고 듣기 좋은 것이 은혜인 줄 알았습니다.

하나님이 저에게 밝은 눈을 주시고 지혜를 주시면서 똑같은 성경이 전혀 다르게 읽혔습니다. 이전에는 보이지 않던 새로운 세계가 성경 안에 들어 있었습니다. 그것이 성경을 읽으면 보였습니다. 새로운 세계가 보이니 그 세계가 내 마음 안으로 들어왔습니다. 내 마음에 새로운 세계가 펼쳐져서 이전에 내가 살았던 세계와는 비교할 수 없는 삶이 시작되었습니다. 그래서 제가 지금 온 세상에 복음을 전하고 있습니다.

저는 건강도 좋은 편이 아니었습니다. 어려서부터 축구처럼 격렬한 운동은 거의 하지 않았습니다. 군대에 가서 유격훈련을 받던 중 갑자기 몸을 움직일 수 없었습니다. 제가 심장이 좋지 않다는 사실을 그때 처음 알았습니다. 심장이 약해서 격렬한 운동을 할 수 없었던 것입니다. 1999년에는 심장이 아주 안 좋았습니다. 제가 대전에서 목회할 때로, 당시에 우리 교회에서 건물을 짓고 있었습니다. 인부들이 7층 높이에서 건물 외벽에 돌을 붙이는 것을 아래서 올려다보다가 심장이 너무 쿵쾅거려서 도저히 쳐다볼 수가 없었습니다.

미국 뉴욕에 갔을 때, 심장 분야에서 세계 최고의 권위를 가진 박사님을 만나 심장 검사를 받았습니다. 그분이 여러 모양으로 제 심장을 검사한 뒤 치료할 수 없다고 했습니다. 그런데 그해 8월에 하나님이 제 심장을 완벽하게 고쳐 주셨습니다. 우리 교회의 한의사인 장로님이 저를 진맥하고 "목사님 심장은 우리 교회에서 누구도 따라올 수 없을 만큼 튼튼합니다."라고 했습니다. 심장이 좋아지니까 폐가 좋아지는 것을 느낄 수 있었습니다. 옛날에는 수영을 하면 숨이 차서 헐떡였는데 아무리 헤엄을 쳐도 숨이 차지 않았습니다.

우리 몸의 장기들이 다 연결되어 있어서 하나가 나빠지면 다른 장기들도 나빠지고, 하나가 좋아지면 다른 장기들도 좋아진다고 합니다. 제 심장이 좋아지면서 폐가 좋아졌고, 느낄 수는 없었지만 다른 장기들도 좋아진 것이 분명했습니다. 제가 활동하는 것이 아주 편해졌습니다. 파라과이에서 비행기를 타면 한국까지 오는데 30시간이 걸립니다. 저는 그렇게 오래 비행기를 타도 전혀 피곤하지 않습니다. 이제는 비행기를 오래 타서 피곤하다는 말이 이해가 안 됩니다. 너무 편합니다. 비행기 타는 것이 체질이 되었습니다.

제 삶을 돌아보면, 내가 복음을 위해 일할 수 있도록 하나님이 모든 것을 도우셨습니다. 종종 '내가 복음을 위해 일하지 않았으면 이런 은혜를 입었겠나?'라고 생각합니다. 내가 하나님을 위해 일하는 것이 아니라 하나님이 저를 위해 일하셨습니다. 그런데 사람들이 이런 사실을 모르고, 복음을 위해 일하라고 하면 불평합니다.

하나님은 우리가 복음을 위해 어떤 일을 하든지 기쁨과 즐거움으로 할 수 있도록 하십니다. 건강한 몸을 주시고, 먹을 양식을 주시고, 가정을 돌봐 주시고, 성경 말씀을 깨닫게 해주시고, 성도를 맡겨 주시고…. 이 모든 것이 하나에서 열까지 전부 하나님의 은혜입니다.

제가 복음을 위해 일하는 동안 하나님께서 천 가지, 만 가지 일에 저를 도우셨습니다.

어떤 사람은 이러한 사실을 모르고 '내가 하나님을 위해 누구보다 많이 일했어. 부지런하게 일했어. 하나님을 위해 희생했어'라고 생각합니다. 그 사람은 하나님의 은혜를 입은 것이 아니라 자신이 수고했습니다. 성경은 **"일하는 자에게는 그 삯을 은혜로 여기지 아니하고 빚으로 여기거니와"**(롬 4:4)라고 했습니다. 일하는 사람은 은혜를 입는 것이 아닙니다. 그런 사람은 다른 사람과 비교하면서 불평합니다.

포도원에 들어가지 않았다면 종일 놀고 서 있었을지 모른다

포도원 주인이 이른 아침부터 자주 나가서 노는 사람들을 포도원에 들여보냈습니다. 주인은 왜 사람들을 포도원에 품꾼으로 들여보냈습니까? 한 데나리온을 주기 위함입니다. 그냥 줄 수 없어서 포도원에 들어가라고 했습니다. 그런데 어떤 사람은 포도원에 들어가서 '나는 일을 많이 했어! 이른 아침부터 일했단 말이야! 열심히 했단 말이야!' 하며 불평합니다.

그가 포도원에 들어가지 않았다면 한 데나리온을 받지 못합니다. 종일 놀고 서 있었을지 모릅니다. 제가 복음을 위해 일하는 동안 하나님이 필요한 모든 것을 주셨습니다. 내가 포도원에 들어가지 않으면 하나님이 아무것도 주시지 못합니다. 내가 하나님의 일을 하는 것이 은혜를 입는 길입니다. 그런데 어떤 사람은 이런 사실을 생각하지 못하고 자신이 일을 많이 했다고 불평하고 원망합니다.

저는 내가 하나님의 일을 한 것이 너무 감사합니다. 이것이 나에게 은혜인 줄 확실히 믿습니다. 내가 무엇을 했다고 자랑할 것이 없는 것이, 일하는 것보다 받는 것이 훨씬 크고 많기 때문입니다. 그래서 하나님이 나에게 일을 맡겨 주시는 것이 늘 감사합니다. 자신이 일했다는 사람은 은혜를 입으면서도 자신을 높여 불평합니다. 그런 사람은 교회를 떠나기도 합니다. 그러나 사실은, 하나님의 일을 하는 것만큼 복되고 영광스러운 삶은 없습니다.

91강

수고와 더위를 견딘 우리와 같게 하였나이다

"저물매 포도원 주인이 청지기에게 이르되 '품꾼들을 불러 나중 온 자로부터 시작하여 먼저 온 자까지 삯을 주라' 하니, 제 십일시에 온 자들이 와서 한 데나리온씩 받거늘 먼저 온 자들이 와서 더 받을 줄 알았더니 저희도 한 데나리온씩 받은지라. 받은 후 집 주인을 원망하여 가로되 '나중 온 이 사람들은 한 시간만 일하였거늘 저희를 종일 수고와 더위를 견딘 우리와 같게 하였나이다.' 주인이 그 중의 한 사람에게 대답하여 가로되 '친구여, 내가 네게 잘못한 것이 없노라. 네가 나와 한 데나리온의 약속을 하지 아니하였느냐? 네 것이나 가지고 가라. 나중 온 이 사람에게 너와 같이 주는 것이 내 뜻이니라.'"(마 20:8~14)

자신이 나타나는 만큼 예수님이 가려지고

신앙생활을 하는 사람들 중에는 은혜를 입는 사람이 있고, 일을 하는 사람이 있습니다. 포도원에 품꾼으로 들어간 사람들의 이야기가 우리에게 그 사실을 가르쳐 줍니다.

사람들이 하나님의 일을 하면서 자기가 한 일에 대하여 관심을 많이 갖습니다. 신앙생활을 하다 보면 잘못하고 실수할 때도 있지만 잘할 때도 있습니다. '내가 이번에 기도를 많이 했어. 성경을 연구해서 깊은 것을 깨달았어. 내 설교를 듣고 많은 사람들이 변화를 받았어.' 우리 마음에 예수님도 영향을 미치고 자신도 영향을 미칩니다. 우리를 통해 역사하시는 예수님과 내가 잘한다는 생각, 마음에서 두 세계가 계속 싸웁니다.

사마리아 여자나 38년 된 병자 같은 사람은 내세울 게 없고 부끄러운 것밖에 없기 때문에, 마음에서 두 세계가 싸울 때 자기 영향력이 얼마 안 됩니다. 이런 사람일수록 하나님을 믿기 쉽습니다. 그렇기 때문에 정상적으로 신앙생활을 하기 원하면 자신의 부족함을 기억하고, 부족함을 느끼고, 부족함을 늘 마음에 두어야 합니다. '나는 연약하고 추하고 악한 사람이야.' 이런 마음을 가진 사람이 하나님의 은혜를 입어 신앙생활이 좋아집니다.

그러나 사람들은 대부분 자신이 잘못한 것을 싫어하고 잊어버리려고 합니다. 반대로 남보다 잘하거나 뛰어난 부분은 마음에 든든히 세워둡니다. 이처럼 자기가 세워질수록 삶에 자신의 영향이 커지고, 반대로 자기를 믿는 마음이 적을수록 예수님의 영향이 커집니다. 자신이 나타나는 만큼 예수님이 가려지고, 예수님이 나타나는 만큼 자신이 가려진다는 것입니다. 그런데 사람들은 어리석게도 자신을 괜찮은 사람으로 만들려고 합니다. 자신이 괜찮은 사람으로 드러날 때 흐뭇해합니다. 그런 사람은 신앙생활을 정상적으로 할 수 없게 됩니다. 신앙생활을 잘하려면 우리 삶에 예수님이 나타나셔야 합니다.

하나님의 은혜를 입을 위치가 아닌 남을 판단하는 위치에 선다

포도원 주인은 많은 사람들을 포도원에 품꾼으로 들여보냈습니다. 다 은혜를 입어야 할 사람들이었습니다. 그런데 자기는 일을 많이 했다는 마음을 가진 품꾼들이 있었습니다. 그들은 은혜를 입은 것이 아니라 자기가 잘했다는 마음을 가졌습니다. 그들이 주인을 원망했습니다.

많은 사람들이 신앙생활을 하면서 어떤 부분이 공평하지 못하다고 생각합니다. 자신이 옳고 잘하고 있다고 여기기 때문입니다. 자기가 신앙생활을 괜찮게 한다고 생각하는 것입니다. 자연히 많은 일을 판단하고 많은 사람을 판단합니다. 그러나 사람이 옳은 것은 다른 사람에 비해 옳은 것이지, 하나님이 보시기에 옳은 사람은 없습니다. 그런데도 자기를 높이는 일을 계속 해서, 하나님의 은혜를 입을 위치에 서지 않고 남을 판단하는 위치에 섭니다.

11시에 포도원에 들어간 품꾼은, 아무도 써주는 사람이 없는데 주인이 포도원에 들어가게 해주어서 얼마나 감사했겠습니까! 조금 일하다 보니 날이 저물어 품삯을 주는데 하루 품삯인 한 데나리온을 줄 때 얼마나 감사했겠습니까! 자신이 부족하고 멸망을 당할 수밖에 없는 사람인 것을 알면 감사하고 기쁘고 고마운 일밖에 없습니다.

자기가 잘났다고 생각한 사람은 한 데나리온을 받으면서 불평했습니다. 주인이 그에게 잘못한 것이 없는데도 불공평하고 억울하다고 생각했습니다. 신앙생활이 안 되는 이유는 대부분 자기가 잘한다고 생각하기 때문입니다. 그러나 영원한 멸망을 당해야 할 사람이 다른 사람보다 조금 낫다고 잘한다고 생각할 수 있습니까? 우리가 아무리 일을 잘하고 똑똑해도 하나님의 은혜를 입어야 할 사람들입니다. 은혜를 입어야 할 사람이 남보다 나은 사람이 되면 주인이 공평치 않다고 생각하게 됩니다.

아담은 사탄의 말을 들었는데 너는 어떻게 할래?
우리는 다 멸망을 당해야 하고 저주를 받아야 할 사람들이었습니다. 우리 조상 아담이 하나님의 말씀을 버리고 사탄의 음성을 선택했습니다. 그로 인해 세상에 죄악이 들어오고 저주가 임했습니다. 하나님은 죄에 물든 인간을 그냥 멸망시키시는 것이 아니고, '전에 아담은 내 말을 듣지 않고 사탄의 말을 들었다. 지금 너는 어떻게 할래?' 하고 다시 기회를 주십니다.

노아 홍수 때, 하나님이 세상을 물로 심판하겠다고 말씀하셨습니다. 죄에 빠진 인간에게 다시 선택할 수 있는 기회를 주신 것입니다. 그때 하나님의 말씀 말고 다른 음성이 사람들의 마음을 사로잡았습니다. '무슨 비가 그렇게 많이 내려? 조금 오다가 말 거야.' 하나님은 당시 사람들에게 선택할 권한을 주셨습니다. 노아와 여덟 식구는 하나님의 말씀을 선택했습니다. 다른 모든 사람은 하나님의 말씀이 아닌 자기 생각을 선택했습니다.

하나님은 노아 홍수 때 어떤 사람을 심판하셨습니까? 도둑질하고 간음하고 살인하고 악을 행한 사람을 멸하신 것이 아닙니다. '홍수가 온다는 내 말을 믿었느냐, 너희 생각에 넣어준 사탄의 음성을 받아들였느냐?'가 구원과 멸망의 기준이었습니다. 홍수가 온다는 하나님의 말씀을 믿는 사람들은 방주를 만들고, 방주에 들어갔습니다. 홍수가 오지 않을 거라는 사탄의 음성을 받아들인 사람은 다 멸망을 당했습니다.

요한복음 4장에 사마리아 여자가 나옵니다. 이 여자는 엉망으로 살아서 여섯 번째 남편과 살고 있었습니다. 어느 날 이 여자가 우물가에서 예수님을 만났습니다. 예수님이 여자에게 물을 좀 달라고 하셨습니다. 예수님과 여자의 대화가 이어지고, 예수님이 여자에게 도무지 이해할 수 없는 말씀을 하셨습니다.

"이 물을 먹는 자마다 다시 목마르려니와 내가 주는 물을 먹는 자는 영원히 목마르지 아니하리니, 나의 주는 물은 그 속에서 영생하도록 솟아나는 샘물이 되리라."

여자 마음에서 '어떻게 한 번 물을 마시면 영원히 목마르지 않아? 그런 물이 어디 있어?'라는 생각이 떠올랐습니다. 여자가 자신이 옳다고 여겼으면 그 생각을 주장할 것입니다. 아마 이렇게 말했을 것입니다.

"세상에 마셔서 영원히 목마르지 않는 물이 어디 있어요? 낯선 여자에게 농담하지 마세요."

실제로는 사마리아 여자가 뭐라고 말했습니까?

"주여, 이런 물을 내게 주사 목마르지도 않고 또 여기 물 길러 오지도 않게 하옵소서."

여자는 예수님이 하신 말씀이 이해가 안 되었지만 자신이 옳지 않았기 때문에 예수님의 말씀을 받아들이기로 했습니다.

바로 앞 요한복음 3장에는 예수님과 니고데모가 대화하는 이야기가 나옵니다. 예수님이 말씀하셨습니다.

"사람이 거듭나지 아니하면 하나님 나라를 볼 수 없느니라."

사람이 다시 태어나야 하나님 나라를 볼 수 있다는 말이 니고데모는 이해가 되지 않았습니다. 그래서 예수님께 물었습니다.

"사람이 늙으면 어떻게 날 수 있삽나이까? 두 번째 모태에 들어갔다가 날 수 있삽나이까?"

예수님이 말씀하셨습니다.

"육으로 난 것은 육이요 성령으로 난 것은 영이니, 내가 네게 거듭나야 하겠다 하는 말을 기이히 여기지 말라."

그때 니고데모가 "아, 영이 태어나는 것을 말씀하신 것이군요."라고 받아들인 것이 아닙니다. 예수님께 "어찌 이러한 일이 있을 수 있나이까?"라고 했습니다. 니고데모는 자신이 옳고 잘났다고 여겼기 때문에 이해되지 않으면 받아들이지 않았습니다.

오늘 우리는 하나님의 말씀을 따르는가, 자신의 생각을 따르는가?

하나님께서 오늘 우리에게도 선택할 기회를 주십니다. 아담은 사탄의 말을 선택했고, 노아 홍수 당시 사람들도 하나님의 말씀을 버리고 사탄의 음성을 선택해 멸망을 당했습니다. 오늘 우리는 무엇을 선택합니까? 하나님의 말씀을 따릅니까, 자기 생각을 따릅니까?

하나님은 항상 우리에게 이렇게 다가오십니다. 예수님이 38년 된 병자에게 말씀하셨습니다. "일어나 네 자리를 들고 걸어가라." 병자가 알고 있는 경험, 지식, 자기 생각으로는 걷지 못합니다. '병든 지 38년이 되어 이제는 걸을 수 없어.' 38년 된 병자는 자신이 걸을 수 없다는 사실을 압니다. 걸으려고 했지만 실패한 경험을 무수히 가지고 있습니다. 베데스다 연못 물이 동할 때 들어가고 싶어도 몸이 움직이지 않았습니다.

이제 38년 된 병자는 선택할 기회를 가졌습니다. '내 경험과 지식을 믿느냐, 예수님이 하신 말씀을 믿느냐?' 하나님이 그에게 그런 기회를 주셨습니다. 자기 경험과 지식을 믿으면 이렇게 말할 것입니다.

"선생님, 죄송하지만 저는 못 걸어요. 다리가 다 말랐어요. 병이 걸린 지 38년이나 흘렀어요. 걸으려고 해보았지만 불가능했어요. 걸을 수 있다면 얼마나 좋겠어요? 하지만 안 돼요."

이렇게 이야기하고 여전히 누워 있었을 것입니다. 그런데 그는 안 된다는 사실을 알지만 자기 생각을 버리고 예수님의 말씀을 받아들였습니다. 그래서 일어나 자리를 들고 걸어갔고, 복된 인생을 살 수 있었습니다.

하나님은 우리에게도 같은 기회를 주십니다. '내가 성경에 기록된 말씀을 너희에게 주었다. 네가 성경에 기록된 내 말을 믿을래, 네 생각을 믿을래?' 그것으로 모든 것이 결정됩니다. 우리가 하나님을 믿기 위해서는 자신을 믿는 마음을 버려야 합니다. 옳다고 여긴 자기 생각을 불신해야 합니다.

하나님은 우리가 하나님의 말씀을 선택할 수 있도록 우리로 하여금 실수하게 하고, 실패하게 하고, 범죄하게 하고, 병들게 하고, 어려운 일을 겪게 하십니다. 그래도 많은 사람들이 '내가 비록 어려움을 겪었지만 나는 잘하는 사람이야'라고 생각합니다. 그런 사람은 하나님의 말씀을 따르기 굉장히 어렵습니다.

조금 깊이 생각해 보면, 자신을 믿는 것이 얼마나 어리석은지 압니다. 자기 생각대로 해서 많은 잘못을 행한 것을 알 수 있습니다. 자신이 어리석은 것을 알면, 좋은 생각이 떠올라도 '내가 틀릴 수 있어. 실수할 수 있어' 하고 자신을 믿지 않는 마음을 갖게 됩니다.

저는 한때 교도소에서 재소자들에게 성경을 가르쳤습니다. 1년쯤 지났을 때, 재소자들이 일반 사람과 다른 점을 느낄 수 있었습니다. 사람이 악하다고 다 교도소에 들어오는 것이 아닙니다. 교도소에 들어오는 사람들은 대부분 분명한 특색을 가지고 있었습니다. 자기 자신을 지나치게 믿었습니다. '나는 이렇게 해도 안 잡혀. 이런 죄를 지어도 괜찮아. 나는 머리가 좋으니까 얼마든지 빠져나갈 수 있어.'

은혜를 입어야 하는 사람들을 포도원에 들여보냈는데…

지금도 자신이 옳다고 생각하고 정직하다고 생각하는 사람이 있습니다. 그런 사람은 포도원에 들어와서 '우리가 일을 잘하니까 주인이 일을 시키는 거야. 우리는 일을 잘하는 사람이야'라는 마음을 갖습니다. 포도원 주인은 은혜를 입어야 하는 사람들을 포도원에 들여보냈지만, 전혀 다른 마음을 품습니다.

자기를 믿는 마음을 자꾸 세우면 마음에서 자신이 점점 커집니다. 나중에는 예수님보다 더 커집니다. 그러면 예수님이 아무리 말씀하서도 자기 생각을 따라가는 사람이 됩니다. 오늘도 정말 많은 사람들이 예수님의 말씀보다 자기 생각을 선택합니다. 자기를 높였기 때문에 일어나는 일입니다.

우리는 멸망을 받아야 할 사람들이었습니다. 하나님이 우리에게 다시 기회를 주시는 것입니다. '네 생각을 따를래, 성경 말씀을 받아들일래?' 38년 된 병자가 "일어나 네 자리를 들고 걸어가라."라는 말씀을 들었을 때, 자기를 불신했습니다. 그의 마음에서 자기가 이야기합니다.

'나, 못 걷잖아. 내가 어떻게 걸어?'

38년 된 병자가 자신에게 말합니다.

'나, 이제 네 말 안 들어. 네 말 듣고 산 결과가 이 모양이잖아. 이제 네 말 듣지 않고 예수님 말씀을 들을 거야. 너 나에게 걸을 수 없다고 하는데, 지금 안 걸으면 다시는 걸을 기회가 없어. 나는 예수님의 말씀을 따를 거야.'

38년 된 병자는 자기 생각을 버리고 예수님의 말씀을 받아들였습니다. 성경은 그것을 이야기합니다. 소경이 눈을 뜰 때, 문둥병자가 나을 때, 그냥 좋아진 것이 아니라 선택할 기회가 주어졌습니다.

'네 생각을 믿을래, 하나님의 말씀을 믿을래? 네 생각을 따를래, 하나님의 말씀을 따를래?'

하나님은 사람들이 죄에 물들었다고 그냥 멸망시키시지 않습니다. 다시 한 번 기회를 주십니다.

'네 생각을 믿을래, 네 죄가 다 사해졌다는 성경 말씀을 믿을래? 네가 잘한 것을 믿을래, 예수님의 십자가를 믿을래?'

얼마나 많은 사람들이 자신에게 주어지는 이 복된 기회를, 어리석게도 말씀을 버리고 자기 생각을 따라가는지 모릅니다.

92강

하나는 주의 우편에, 하나는 좌편에 앉게 명하소서

"그때에 세베대의 아들의 어미가 그 아들들을 데리고 예수께 와서 절하며 무엇을 구하니 예수께서 가라사대 '무엇을 원하느뇨?' 가로되 '이 나의 두 아들을 주의 나라에서 하나는 주의 우편에, 하나는 주의 좌편에 앉게 명하소서.' 예수께서 대답하여 가라사대 '너희 구하는 것을 너희가 알지 못하는도다. 나의 마시려는 잔을 너희가 마실 수 있느냐?' 저희가 말하되 '할 수 있나이다.'"(마 20:20~22)

예수님이 왕이 되시면 한 자리 차지해야겠다

예수님의 제자들이 3년 동안 예수님을 따라다녔습니다. 그런데 그들의 생각은 예수님의 생각과 전혀 달랐습니다. 예수님은 제자들에게 하늘에 속한 세계를 가르치시고, 예수님이 십자가에 못박혀 죽으신 뒤 그들로 하여금 복음을 전하게 하려고 제자들을 선택하셨습니다. 그런데 제자들의 마음은 다른 곳에 관심이 있었습니다. 예수님이 위대하시기 때문에 왕이 될 것같이 보였습니다. 예수님이 왕이 되시면 한 자리 차지해야겠다는 쪽에 마음을 두었습니다. 성경을 보면, 예수님은 하나님의 뜻을 이루기 위해 십자가에 못박혀 죽으실 것을 제자들에게 말씀하셨습니다. 그런데 제자들은 마음이 자신의 욕망에 쏠려 있었습니다.

제가 선교학교에 들어가서 복음을 전하기 시작했습니다. 그때 저와 함께 훈련받았던 학생들이 복음을 전하면 사람들이 죄 사함을 받는데 내가 복음을 전하면 믿는 사람이 없었습니다. 제 마음에는 늘 '내가 참된 전도자가 돼야 해. 사람들이 내가 전하는 말씀을 듣고 구원받는 역사가 많이 일어나야 돼'라는 생각이 차 있었습니다. 하지만 오랫동안 복음을 전해도 죄 사함을 받는 사람이 한 사람도 없었습니다.

그 후 제가 선교학교 훈련을 마치고 경남 합천군 압곡동에 가서 복음을 전했습니다. 하루는 한 부인이 제가 살던 집에 찾아와 그분에게 복음을 전해서, 저를 통해 처음으로 한 사람이 구원받는 것을 보았습니다. 그 후로는 제가 전하는 복음을 듣고 거듭나는 사람이 계속 일어났습니다.

세월이 제법 흐른 뒤, 복음 전도 초기에 내가 어떤 마음으로 복음을 전했는지 살펴보는 시간을 가졌습니다. 당시 내 마음을 더듬어 보면서 그때의 내가 얼마나 우습고 어처구니없었는지 모릅니다. 당시 저는 한 사람이 죄에서 벗어나 거듭나길 원한다고 하며 복음을 전했습니다. 그런데 내 안에 '내가 성경을 많이 아는데 이 사람에게 그걸 보여줘야겠다'는 마음을 가지고 있었습니다. 내가 전하는 말씀을 듣고 그 사람이 '야, 이분 성경을 많이 아네. 성경에 관한 지식이 깊네. 믿음이 훌륭하네'라는 소리를 듣고 싶은 마음이 있었습니다.

그래서 복음을 전할 때 '나는 이런 것도 알고, 이런 것도 알아'라는 태도로 많은 성경 이야기를 했습니다. 그런데 듣는 사람은 내가 하는 이야기에 흥미를 거의 느끼지 못했습니다. 그러면 '내가 성경을 정말 많이 아는데 이 사람이 나를 몰라주네' 하고 섭섭했습니다. 한편으로는 복음을 전해서 한 사람이 구원받으면 성도들 앞에서 멋지게 간증하는 광경을 상상했습니다. "제가 오늘 복음을 전해서 한 사람이 죄를 사함 받고 거듭났습니다. 하나님께 감사를 드립니다. 이것은 정말 하나님의 은혜입니다." 제가 하는 간증을 듣고 성도들이 감동하는 모습을 보면서 즐거움과 흐뭇함을 느끼고 싶었습니다.

당시 저는 영적으로 어려서 사탄이 내 마음에 욕망을 많이 집어넣었습니다. 예수님의 심정으로 한 사람을 죄에서 건지기 위해 복음을 전한 것이 아니었습니다. 복음을 전해서 나를 나타내고 싶었습니다. 내가 성경을 많이 알고 있으며, 내가 복음을 전하면 듣는 사람이 변화된다는 것을 사람들에게 보여주고 싶었습니다.

간혹 내가 전하는 말씀을 듣고 눈물을 흘리는 사람이 있었습니다. 그러면 '지금 내가 이 사람에게 감동을 주고 있어' 하며, 쓸데없고 의미없는 생각이 마음을 채웠습니다. '이 사람을 그대로 두면 지옥에 갈 수밖에 없으니 죄 사함을 받아 새로운 삶을 살도록 해야 돼' 하면서도, 마음이 순수하지 못해 복잡한 생각이 내 마음을 뒤덮었습니다.

세월이 흐른 뒤에 이전의 내 모습을 더듬어 보면서 너무 부끄러웠습니다. '내가 정말 교만했구나! 허탄한 생각을 하며 살았구나!'

복음 전도자로 산 지 수십 년이 흐른 지금은 그런 마음이 전혀 일어나지 않느냐? 그렇지 않습니다. 사탄이 틈만 있으면 내 속에서 자꾸 내가 괜찮은 사람이라고 말합니다. 말씀을 잘 전하고, 주를 위해 사는 사람이라고 말합니다. 나를 높여서 내가 하나님의 은혜만을 순수하게 바라는 마음을 흐리게 만드는 일을 합니다.

내가 잘되려고, 인정받으려고, 훌륭한 설교자가 되려고…

마태복음 20장 21절에서, 야고보와 요한의 어머니가 두 아들을 데리고 예수님께 와서 절하며 "나의 두 아들을 주의 나라에서 하나는 주의 우편에, 하나는 주의 좌편에 앉게 명하소서."라고 했습니다. 그때가 예수님이 십자가에 못박히시기 직전이었습니다. 예수님은 십자가에 못박혀 죽어 우리 죄를 씻으시고 사흘 만에 부활하는 일을 생각하고 계셨습니다. 한편으로는, 제자들이 마음을 다 쏟아 복음을 전하려는 마음을 갖길 원하셨습니다. 그러나 제자들은 너무 엉뚱한 곳에 마음이 가 있었습니다.

'예수님이 왕이 되시면 누가 가장 높은 대신이 될까? 아무래도 안드레보다는 내가 낫지. 도마보다도 내가 낫고. 예수님이 왕이 되시면 예수님 우편에는 내가 앉아야 해.'

세베대의 아들인 야고보와 요한이 이런 부분에 가장 빨랐습니다. 자신들이 예수님께 직접 말하기 민망하니까 어머니에게 가서 이야기했습니다.

"어머니, 예수님이 왕이 되시면 우리 형제가 예수님 좌우에 앉아 제일 높은 자리를 차지할 것 같아요. 그렇지만 어떻게 될지 잘 모르잖아요. 그러니까 어머니가 예수님에게 가서 우리 형제를 하나는 예수님 오른쪽에, 하나는 왼쪽에 앉게 해달라고 간구해 주세요."

"우리 아들들, 장하다. 예수님이 왕이 되시면 좌우에 앉을 사람이 너희들 말고 누가 있겠어? 예수님이 잘 모르실 수도 있으니까 예수님께 꼭 말씀드려야 해. 예수님이 왕이 되시면 너희가 양 옆에서 예수님을 잘 보좌하는 훌륭한 신하가 되길 바란다."

그들이 이런 생각을 하고 있을 때 예수님은 십자가에 못박혀 죽으실 생각을 하고 계셨습니다. 제자들은 이만큼 엉뚱한 곳에 가 있었습니다.

지금 우리도 그렇습니다. 우리가 하나님을 믿는다고 하지만 우리 마음이 하나님과 먼 곳에 가 있는 경우가 너무 많습니다. 하나님은 모든 사람을 죄에서 구원하는 일을 이루길 바라시지만, 우리는 그렇지 않습니다. 하나님을 믿어 내가 잘되길 바랍니다. 혹은, 말씀을 잘 전해서 사람들에게 인정받길 바랍니다. 혹은, 훌륭한 설교자가 되기 위해 성경을 열심히 읽고 더 많이 공부합니다. 마음이 이런 방향으로 흘러가는 사람이 정말 많습니다.

예수님 당시에 제자들의 마음이 그랬습니다. 그런 제자들을 예수님이 마음을 하나하나 바꾸어서 당신이 원하는 쪽으로 이끄시는 것이 정말 놀랍습니다. 저도 그렇습니다. 저도 한때는 내가 잘하는 줄 알았습니다. 다른 사람들이 나를 잘 몰라준다고 생각했습니다. '내가 성경을 이렇게 많이 아는데, 내가 기도를 이렇게 많이 하는데, 내가

다른 사람을 위해 이렇게 희생하는데….'

예수님은 우리가 예수님과 동행하는 동안 우리에게 은혜를 베푸셔서 우리가 당신과 같게 되기를 원하십니다. 예수님께서 많은 병자들을 고치셨습니다. 다른 것 놔두고, 그런 병들을 고치려면 시간이 얼마나 많이 걸리겠습니까? 현대 의학으로 수술해도 나을까 말까 한 병들이 많습니다. 그런데 예수님이 아무것도 받지 않고 즉시 고쳐 주셨습니다. 제자들은 이렇게 말하고 싶었을지 모릅니다.

"예수님, 병을 고쳐 주고 돈을 조금씩 받으면 안 돼요? 그 돈으로 나귀를 사서 타고 다니면 복음 전하기도 좋고 사람들도 인정하잖아요. 옷도 좀 좋은 것을 입고 왕도 만나고 장관도 만나면 훨씬 인정받을 수 있잖아요. 우리가 화려하게 살고 싶은 게 아니라, 예루살렘에 집이라도 한 채 사놓고 지내면 병자들이 찾아오기도 좋고 예수님이 병자를 고치시기도 좋잖아요. 병이 나은 사람은 건강해져서 좋고, 하나님께 영광이 되어서 좋고, 우리는 더 힘있게 일하기 위해 집이나 나귀나 음식을 얻고, 얼마나 좋습니까? 저는 예수님이 일하시는 것이 이해가 잘 안 갑니다."

사람들이 대부분 예수님과 다른 생각을 가지고 있습니다. 그러면서도 자신이 신앙생활을 잘한다고 생각합니다. 똑똑하다고 생각합니다. 자신의 길을 가면서도 믿음이 있는 줄로 생각합니다.

예수님 곁에서 이런 일을 할 사람은 나밖에 없어

'예수님이 왕이 되시면 내가 그 옆에서 예수님을 보필해야 돼. 예수님 곁에서 이런 일을 할 사람은 나밖에 없어. 내가 아니면 누가 이렇게

중요한 일을 하겠어? 아무도 못 해. 내가 해야 돼.'

많은 제자들이 그렇게 생각했습니다. 세베대의 두 아들 야고보와 요한은 누구보다 자신들이 적임자라고 생각했습니다. 그 이야기를 자기 입으로 말하기 민망하니까 어머니를 불러서 예수님께 말씀드리게 했습니다.

"나의 두 아들을 주의 나라에서 하나는 주의 우편에, 하나는 주의 좌편에 앉게 명하소서."

제자들 가운데 예수님과 같은 마음으로 예수님을 따르는 사람은 없었습니다. 그들이 예수님과 같이 지내면서 예수님의 능력을 경험하면서도 왜 예수님과 같은 마음을 갖지 못했을까요? 자신들이 정말 연약하고 부족하고 못난 것을 알았다면 예수님이 가지신 마음을 그들도 그대로 가졌을 것입니다. 그런데 아무것도 모르면서 각기 자신이 괜찮고 뛰어나다고 생각했습니다.

우리가 무익한 존재인 것을 알면 하나님의 은혜를 입어서 거듭나는 것이 정말 쉽습니다. 그러나 잘나고 똑똑한 사람이 되면 하나님의 세계로 들어가는 것만큼 힘들고 어려운 일이 없습니다.

제자들이 예수님을 따르면서 예수님을 향한 진실한 마음도 있고 하나님께 감사한 마음도 있었습니다. 반대로 그들 속에 육신적인 마음도 많았습니다. '예수님이 왕이 되시면 나도 한 자리 해야지. 예수님이 왕이 되시면 많은 것을 누릴 수 있을 거야.' 그들의 마음이 엉뚱한 곳으로 흘러갔습니다. 누가 그렇게 만들었습니까? 사탄이 그들 마음에 그런 생각을 넣어 주었습니다. 그들은 사탄의 영향을 받으면서도 전혀 몰랐습니다. 세베대의 아들들이 왜 자신들이 그런 이야기를 하는지 전혀 알지 못했습니다.

오늘날도 사람들이 자기가 왜 예수님과 다른 마음으로 사는지 모르고 있습니다. 예수님을 믿는다고 하면서 성경을 읽고 기도하지만 실제로는 예수님과 멀리 떨어져 있는 사람이 얼마나 많은지 모릅니다. 예수님과 3년을 같이 지낸 야고보와 요한이 그랬으니 우리는 얼마나 더 심하겠습니까? 말할 수 없이 심각하게 자신의 생각을 따라 흘러가는 사람이 많습니다.

삶이 좋아질 거라고 여겨 신앙생활을 한다
예수님이 야고보와 요한의 어머니가 한 말을 듣고 두 제자에게 물으셨습니다.

"나의 마시려는 잔을 너희가 마실 수 있느냐?"

야고보와 요한이 뭐라고 대답했습니까?

"할 수 있나이다."

예수님이 말씀하신 '나의 마시려는 잔'은 십자가의 고난을 가리킵니다. 이들이 정말 예수님과 같이 고난을 당할 수 있습니까? 예수님이 잡히시던 날 밤 제자들은 다 도망갔습니다. 자기 영광을 위해 예수님을 따랐기 때문입니다.

예수님은 당신과 마음이 같은 사람을 찾고 계십니다. 사도행전 13장 22절에서 이렇게 말했습니다.

"폐하시고 다윗을 왕으로 세우시고 증거하여 가라사대 '내가 이새의 아들 다윗을 만나니 내 마음에 합한 사람이라. 내 뜻을 다 이루게 하리라' 하시더니"(행 13:22)

다윗은 자기 마음을 하나님의 마음에 합했습니다. 그래서 하나님께서 다윗을 들어 당신의 뜻을 다 이루게 하겠다고 하셨습니다. 하나님이 다윗에게 왕위를 주셨고, 예루살렘 성전을 지을 마음을 주셨고, 성전을 짓는 데 필요한 재료를 준비하게 하셨습니다. 하나님이 다윗의 삶을 이끌어 가신 것을 우리가 볼 수 있습니다.

많은 사람들이 하나님을 섬긴다고 하지만 자신의 욕망이나 쾌락을 따라갑니다. 그렇게 살면서 교회에 와서 하나님의 이름을 부릅니다. 순수하게 복음을 전하려는 것이 아니라, 하나님을 믿으면 삶이 좋아질 거라고 여겨 신앙생활을 합니다. 다른 사람들에게 인정받으려는 마음으로 신앙생활을 합니다.

예수님은 제자들 속에 들어 있는 육신을 위하는 마음을 하나하나 버리게 하셨습니다. 베드로는 죽어도 예수님을 부인하지 않겠다고 했지만 예수님을 세 번 부인했습니다. 예수님은 그 일로 베드로 하여금 자신을 믿는 마음을 버리게 하셨습니다. 야고보와 요한은 예수님의 좌우편 자리를 탐냈지만, 그것이 허무한 욕망인 것을 깨우쳐 주시고 복음을 위해 죽을 수도 있는 사람으로 인도해 주셨습니다.

기억해야 할 것은, 우리 가운데 하나님과 같은 마음을 가진 사람은 없습니다. 하나님께서 우리 안에 당신의 마음을 주셔서 하나님의 마음으로 살 수 있도록 인도하십니다.

93강

주여,
우리를 불쌍히 여기소서

"저희가 여리고에서 떠나갈 때에 큰 무리가 예수를 좇더라. 소경 둘이 길가에 앉았다가 예수께서 지나가신다 함을 듣고 소리질러 가로되 '주여, 우리를 불쌍히 여기소서! 다윗의 자손이여!' 하니 무리가 꾸짖어 잠잠하라 하되 더욱 소리질러 가로되 '주여, 우리를 불쌍히 여기소서! 다윗의 자손이여!' 하는지라. 예수께서 머물러 서서 저희를 불러 가라사대 '너희에게 무엇을 하여 주기를 원하느냐?' 가로되 '주여, 우리 눈 뜨기를 원하나이다.' 예수께서 민망히 여기사 저희 눈을 만지시니 곧 보게 되어 저희가 예수를 좇으니라."(마 20:29~34)

마태복음 안에서 우리가 새로운 세계를 많이 만납니다. 마태복음은 마태가 기록했지만, 마태 자신이 썼다면 이런 내용을 도저히 쓸 수 없었을 것입니다. 우리는 마태복음 곳곳에서 하나님의 마음을 발견하고, 우리 마음도 발견합니다. 하나님의 마음과 우리 마음이 얼마나 다른지 적나라하게 볼 수 있습니다. 각기 다른 여러 이야기들이 기록되어 있는데, '어쩌면 우리 마음을 이렇게 잘 기록했을까?'라는 생각이 듭니다.

성경은, 두 소경에게 다른 사람에게 없는 마음이 있는 것을 그렸다

마태복음 20장 29절에 여리고가 나옵니다. 여리고는 세리 삭개오가 예수님을 만난 곳입니다. 기생 라합이 이스라엘의 정탐꾼을 만난 곳도 여리고입니다. 여리고는 다른 도시보다 해발이 낮아서 물기가 많고 나무들이 많이 자랍니다. 제가 이스라엘을 방문해서 여리고에 갔을 때 다른 도시들과 달리 멀리서도 푸르게 보였습니다. 여리고에 가서 보니 대추야자 나무가 많았습니다. 그때 처음으로 대추야자를 먹어보았습니다. 어떤 분이 대추야자를 따고 있었는데 일부가 길에 떨어져 있어서 동행한 사람들과 함께 주워서 먹었습니다. 아주 달았습니다.

예수님이 여리고에 머물다가 떠나가실 때 많은 사람들이 예수님을 따라갔습니다. 소경 두 사람이 길가에 앉아 있다가 예수님이 지나가신다는 소리를 들었습니다. 물론 소경은 예수님도 보이지 않고 사람들도 보이지 않습니다. 하지만 많은 사람들이 움직이는 것을 소리를 통해 느낄 수 있었습니다. 성경은, 두 소경에게 다른 사람에게 없는 마음이 있는 것을 그렸습니다.

헤롯에게 예수님을 만날 기회를 마지막으로 주셨지만…

사람들이 예수님과 만날 기회를 소홀히 여겨 놓칠 때가 아주 많습니다. 한 예로, 열왕기하 5장에 나오는 나아만 장군의 경우입니다. 그가 문둥병을 낫고 싶어서 엘리사 선지자를 찾아왔습니다. 엘리사 선지자가 사환을 보내 '요단강에 몸을 일곱 번 씻으면 살이 깨끗해진다'고 했습니다. 그 말대로 하면 하나님의 능력으로 병이 나을 수 있는 아주 소중한 기회였습니다. 그런데 나아만은 화를 내면서 다메섹으로 돌아가려고 했습니다.

예수님이 십자가에 못박히시기 전에 빌라도가 예수님을 헤롯에게로 보냈습니다. 헤롯이 예수님을 만날 수 있는 마지막 기회였습니다. 하나님이 헤롯에게 예수님을 만날 수 있는 기회를 마지막으로 주신 것입니다. 만왕의 왕이며 세상의 구세주로 오신 예수님을 만나 헤롯이 많은 죄를 사함 받는 은혜를 입을 수 있는 기회였습니다. 그러나 헤롯은 엉뚱한 것에 관심을 가졌습니다. 예수님 소문을 들었기에, 예수님이 이적을 행하시는 것을 볼 수 있을지 모른다고 생각했습니다. 그래서 여러 이야기를 물었지만 예수님이 아무 대답도 하시지 않자 예수님을 업신여기며 희롱했습니다. 그것이 헤롯이 예수님을 만난 마지막 기회였습니다. 자기 영혼의 상태를 볼 만한 눈이 없었기 때문에, 예수님 앞에서 진지한 태도를 가진 것이 아니라 자기 마음을 즐겁게 하려는 생각만 했습니다.

헤롯이 소유하고 있었던 것은 좋고 화려하고 비싼 것들이었을 것입니다. 반면에 소경이 가지고 있는 것들은 추하고 더럽고 가치 없는 것들이었을 것입니다. 옷도 신발도 헤롯은 좋고 화려했을 것이고, 소경은 더럽고 초라했을 것입니다. 세상 눈으로 보면 헤롯은 굉장히 높고 위대한 사람이었고, 소경은 보잘것없고 불쌍한 사람이었습니다.

성경이 우리에게 보여 주는 것은, 마음의 세계는 그렇지 않았다는 것입니다. 마음을 보면, 헤롯은 가치 없고 쓸모없는 마음을 가지고 있었고 소경은 예수님이 일하실 수 있는 마음을 가지고 있었습니다.

어디서 붉은 색깔을 가져와서 예쁜 장미를 붉게 물들이냐?

세상에 많은 물건이 있고, 모든 물건이 어딘가에 쓰임을 받습니다. 어떤 물건은 소중하게 쓰이고 어떤 물건은 하찮게 쓰입니다. 우리가 땅을 보면 별로 가치가 없어 보입니다. 다이아몬드나 사파이어나 금은 굉장히 비쌉니다. 그런데 우리가 사는 지구가 흙으로 덮여 있지 않고 다이아몬드로 덮여 있다면 어떻게 되겠습니까? 다이아몬드에 나무를 심을 수 있습니까? 다이아몬드를 가루로 만들어서 거기 씨를 뿌리면 싹이 나겠습니까? 우리가 볼 때 별로 쓸모가 없는 것 같지만, 하나님이 흙으로 지구를 덮으셨습니다.

흙은 신비한 힘을 가지고 있습니다. 다이아몬드나 사파이어나 크리스틸 같은 보석이 해내지 못하는 신비한 일을 흙이 해냅니다. 흙에 씨를 심으면 싹이 나고, 자라고, 거기에 꽃이 피고 열매가 달립니다.

저는 종종 흙에게 물어봅니다.

"흙아, 너는 어디서 붉은 색깔을 가져와서 예쁜 장미를 붉게 물들이냐?"

흙이 하는 일이 정말 신비합니다.

2002년에 한국에서 월드컵 경기가 열렸습니다. 당시 한국 사람들이 대표팀을 응원하기 위해 '붉은 악마'라는 붉은 색 티셔츠를 입었습니다. 무슨 일이 일어났는지 아십니까? 셔츠를 만드는 공장에서 천을 붉게 물들여야 하는데 국내에 있는 붉은 색 염료가 다 떨어졌습니다. 일본에서 염료를 급히 수입하느라 애를 먹었다고 합니다.

　흙에게 물어보십시오.

"내가 땅을 아무리 봐도 붉은 색이 없는데, 너는 어디서 붉은 색을 가져와서 장미에 붉은 색을 가져다주었냐?"

"사과 맛, 망고 맛은 어디에서 가져와서 주었냐?"

　땅은 정말 신비한 힘을 가지고 있습니다. 사과나무를 심으면 사과 맛을 가진 열매가 달리고, 복숭아나무를 심으면 복숭아 맛을 다 끌어와서 복숭아가 달리게 합니다. 저는 감자를 아주 좋아합니다. 감자 맛은 땅이 어떻게 만들어내는지 모릅니다. 무수히 많은 과일이 있고 채소가 있는데, 각기 다른 맛을 가지고 있습니다. 그 모든 맛을 흙이 주었습니다. 그런데 사람들은 흙이 별로 가치가 없다고 생각합니다.

그들의 마음은 예수님이 일하실 수 있는, 땅과 같았다

겉모습을 보면 헤롯 왕은 높고 화려하며 사람들이 두려워하고 우러러보는 사람이었습니다. 사람들이 헤롯을 만나기를 바라고, 필요한 일을 부탁하고 싶어했습니다. 길가에 있는 소경 거지는 어떻습니까? 누가 그를 만나려고 애쓰겠습니까? 누가 그와 이야기하기를 바라겠습니까? 헤롯은 존귀한 사람이지만 예수님을 업신여겼습니다. 예수님을 볼 만한 눈이 없었기 때문입니다. 소경은 달랐습니다. 그의 마음에서 예수님은 존귀했고, 그는 예수님의 은혜를 입고 싶었습니다.

예수님이 여리고에서 나가실 때 두 소경이 길에 앉아 있다가 예수님이 지나가신다는 소리를 들었습니다. 그들이 예수님을 보았습니까? 아닙니다. 만난 적이 있습니까? 그렇지도 않습니다. 다만 이야기를 들었을 뿐입니다. 그런데 그들은 예수님께 부르짖었습니다. 그들의 마음은 예수님이 일하실 수 있는 조건을 가지고 있는 땅과 같았습니다.

하나님이 인간을 땅과 같이 만드셨습니다. 땅은 화려한 보석과 달리 볼품이 없지만 생명이 자랄 수 있습니다. 땅에 씨를 심으면 싹이 나서 자라고, 꽃이 피고 열매를 맺습니다. 하나님이 인간의 마음을 어떤 재료로 만드셨는지는 모르지만, 분명한 사실 가운데 하나는 인간의 마음은 흙과 비슷합니다. 우리 마음에 하나님의 세계를 담은 씨앗이 떨어지면 싹이 나고 자랍니다. 꽃이 피고 열매를 맺습니다.

다이아몬드에서는 싹이 날 수 없습니다. 식물이 자랄 수도 없고 꽃을 피울 수도 없습니다. 외형을 화려하게 장식할 수는 있지만 생명의 역사가 일어나지는 않습니다. 흙은 완전히 반대입니다. 화려함은 전혀 없습니다. 누가 밟고 지나가도, 아이들이 오줌을 누어도, 사람이 침을 뱉어도 되는 곳이 흙입니다. 그런데 흙은 힘을 가지고 있습니다. 거기 씨를 심으면 싹이 나고, 자라고, 꽃이 피고, 열매가 맺힙니다. 그런 일을 이루는 힘을 흙이 가지고 있습니다. 정말 신비로운 일입니다.

제 아버지는 농사를 지으셨습니다. 제가 열아홉 살까지 아버지 농사일을 도왔습니다. 농사짓는 것이 아주 재미있지만 어떤 때에는 굉장히 힘들었습니다. 가을이 되면 벼를 추수합니다. 벼 포기를 손으로 한 움큼 쥔 뒤 낫으로 벼 밑동을 슥 뱁니다. 그렇게 하루 종일 일하고 나면 배가 고프고 피곤합니다. 저녁을 먹고는, 손발이 더러워서 씻어야 하지만 피곤해서 그 자리에 쓰러져서 잡니다.

농사일이 피곤했습니다. 아버지는 평생 농사일을 하셔서 일하는 것이 익숙했지만 저는 서툴러서 훨씬 더 힘들었습니다. 아버지도 제가 농사짓는 것을 원하시지 않았습니다. "옥수야, 힘든 일 하지 말고 공무원이 되든지 사무 보는 일을 하거라. 농사는 짓지 말거라." 힘들긴 해도 농사를 짓다 보면 신기할 때가 많았습니다. 가을에 추수를 마치고 보리를 심으면 보리 싹이 나오는 것이 신기하고, 바람에 보리 싹들이 흔들리는 모습도 보기 좋았습니다. 그 보리가 겨울을 이기고 봄이 되어 열매는 맺는 것도 신기했습니다.

하나님이 인간의 마음을 흙처럼 만드셨습니다. 악을 심으면 악이 싹나고, 자라고, 꽃을 피우고, 열매를 맺습니다. 진짜 악합니다. '어쩌면 저렇게 악할 수 있을까?'라는 생각이 들 만큼 악한 열매가 나타납니다. 마음에 미움을 심으면 미움이 자라고 불신을 심으면 불신이 자랍니다. 반대로 소망을 심으면 소망이 자라고 사랑을 심으면 사랑이 자랍니다.

지금 예수님을 만나야 돼, 이게 마지막 기회인지 몰라

예수님이 여리고에서 나가실 때 두 소경이 예수님을 만났습니다. 예수님께 불쌍히 여겨 달라고 소리쳤습니다. 예수님이 그들의 소리를 들으셨습니다. 그들이 원하는 것을 들어주셨습니다. 저도 두 소경이 만났던 예수님을 만났습니다. 예수님을 보지 못하고 만지지 못하지만, 마음에서 예수님을 부를 때마다 예수님이 살아 일하시는 것이 너무 놀라웠습니다.

두 소경은 예수님을 만난 뒤 눈을 떴습니다. 볼 수 있는 힘을 얻었습니다. 하나님께서 빛을 만드셨습니다. 눈이 없으면 빛이 아무 소용이 없습니다. 앞을 못 보는 사람은 빛이 있든 없든 상관이 없습니다. 볼 수 있는 눈이 있고 빛이 있어서, 빛이 신비한 조화를 일으킵니다. 먼 산에 있는 푸른 나무를 빛이 담아서 우리 눈 안으로 가지고 들어옵니다. 그래서 우리가 먼 산까지 가지 않아도 나무가 있는 것을 압니다.

두 소경은 예수님이 가까이 계셨지만 볼 수 없었습니다. 하지만 마음에서는 예수님을 알았습니다. 이제 예수님이 여리고를 떠나시면 언제 다시 만날 수 있을지 모릅니다. 그것이 예수님을 만날 수 있는 마지막 기회인지도 모릅니다. 두 소경이 '오늘 예수님이 떠나가시면 내가 다시는 볼 수 없겠구나'라고 생각했는지 모릅니다. 예수님의 은혜를 입어 눈을 뜨고 싶었습니다. 두 사람이 소리쳤습니다.

"주여, 우리를 불쌍히 여기소서! 다윗의 자손이여!"

예수님을 따르던 많은 사람들이 시끄럽다고 꾸짖으며 조용히 하라고 했습니다. 하지만 그들은 보지 못하기에 예수님을 따라갈 수 없었습니다. 지금 예수님을 만나지 못하면 영영 못 만날지도 모릅니다. '예수님이 여리고에 다시 안 오실지 몰라. 우리는 지금 예수님을 만나야 돼. 이게 마지막 기회인지 몰라.' 두 소경은 더 큰 소리로 외쳤습니다.

"주여, 우리를 불쌍히 여기소서!! 다윗의 자손이여!!"

그 소리가 예수님의 귀에 들어갔습니다. 예수님이 그 소리를 외면하셨습니까? 예수님이 걸음을 멈추셨습니다. 그리고 두 사람을 불러 물으셨습니다.

"너희에게 무엇을 하여 주기를 원하느냐?"

"주여, 우리 눈 뜨기를 원하나이다."

예수님이 그들의 눈을 만지시니 곧 보게 되어 두 사람이 예수님을 좇았습니다.

많은 사람이 예수님을 만날 기회를 잃고 맙니다. 어떤 사람은 체면 때문에, 어떤 사람은 주위 사람들을 의식해서 예수님을 만날 기회를 잃어버립니다. 두 소경은 예수님을 만날 기회를 놓치지 않았습니다. 그들은 예수님을 향해 외쳤고, 예수님을 만났으며, 예수님의 은혜를 입어 눈을 떴습니다. 세상의 빛이 두 사람의 눈에도 들어가기 시작했습니다. 밝은 빛과, 빛이 담아다 주는 것들을 볼 수 있었습니다.

94강

감람산 벳바게에 이르렀을 때에

"저희가 예루살렘에 가까이 와서 감람산 벳바게에 이르렀을 때에 예수께서 두 제자를 보내시며 이르시되 '너희 맞은편 마을로 가라. 곧 매인 나귀와 나귀 새끼가 함께 있는 것을 보리니 풀어 내게로 끌고 오너라. 만일 누가 무슨 말을 하거든 주가 쓰시겠다 하라. 그리하면 즉시 보내리라' 하시니, 이는 선지자로 하신 말씀을 이루려 하심이라. 일렀으되 '시온 딸에게 이르기를 네 왕이 네게 임하나니 그는 겸손하여 나귀, 곧 멍에 메는 짐승의 새끼를 탔도다 하라' 하였느니라. 제자들이 가서 예수의 명하신 대로 하여 나귀와 나귀 새끼를 끌고 와서 자기들의 겉옷을 그 위에 얹으매 예수께서 그 위에 타시니"(마 21:1~7)

마태복음 21장은 하나님이 특별한 의미를 가지고 기록하셨습니다. 그 첫 번째 의미는 감람산에 있습니다. 감람산은 예루살렘 가까이에 있는 산입니다. 예수님이 십자가에 못박혀 죽어 장사되셨다가, 3일 만에 부활해서 계시다가 승천하실 때 감람산에서 하늘로 올라가셨습니다. 예수님의 제자들이 하늘을 쳐다보고 있는데, 두 천사가 말하길 "너희 가운데서 하늘로 올리우신 이 예수는 하늘로 가심을 본 그대로 오시리라."라고 했습니다.

그의 발이 예루살렘 앞 감람산에 서실 것이요
예수님께서 이 땅에 다시 오실 때 감람산으로 재림한다고 성경에 기록되어 있습니다. 스가랴 14장을 보면, 예수님의 발이 감람산에 설 것이라고 이야기합니다.

"여호와의 날이 이르리라. 그날에 네 재물이 약탈되어 너외 중에서 나누이리라. 내가 열국을 모아 예루살렘과 싸우게 하리니 성읍이 함락되며 가옥이 약탈되며 부녀가 욕을 보며 성읍 백성이 절반이나 사로잡혀 가려니와 남은 백성은 성읍에서 끊쳐지지 아니하리라. 그 때에 여호와께서 나가사 그 열국을 치시되 이왕 전쟁 날에 싸운 것같이 하시리라. 그날에 그의 발이 예루살렘 앞 곧 동편 감람산에 서실 것이요 감람산은 그 한가운데가 동서로 갈라져 매우 큰 골짜기가 되어서 산 절반은 북으로, 절반은 남으로 옮기고 그 산 골짜기는 아셀까지 미칠지라. 너희가 그의 산 골짜기로 도망하되 유다 왕 웃시야 때에 지진을 피하여 도망하던 것같이 하리라. 나의 하나님 여호와께서 임하실 것이요, 모든 거룩한 자가 주와 함께하리라."(슥 14:1~5)

많은 성경 학자들이 스가랴 14장 말씀대로, 예수님이 재림하시기 전에 많은 나라가 예루살렘과 전쟁을 하여 예루살렘이 약탈당할 것이라고 이야기합니다. 그 일이 있은 뒤 예수님이 감람산으로 재림할 것이라고 말합니다.

제일 먼저 성전에서 악한 자를 내쫓으실 것이다

마태복음 21장에서, 예수님이 감람산에서 예루살렘까지 새끼 나귀를 타고 들어가십니다. 예루살렘에 가서서, 예수님이 성전에 들어가 매매하는 자들을 내쫓고 돈 바꾸는 자들의 상과 비둘기 파는 자들의 의자를 둘러엎어 성전을 깨끗하게 하십니다. 이어서 잎사귀만 무성하고 열매가 없는 무화과나무를 저주하신 이야기가 나옵니다. 그 뒤에 포도원 농부들 이야기를 하십니다. 주인이 포도원을 만들어 타국으로 가면서 농부들에게 세로 주고 갔는데, 농부들이 주인이 보낸 종들을 죽이고 나중에는 아들까지 죽여서 결국 주인이 농부들을 심판해 진멸하는 이야기입니다.

예수님이 감람산에서 예루살렘에 들어가 하신 일들이, 예수님이 재림하셔서 하실 일들을 우리에게 미리 보여주고 있다고 말할 수 있습니다.

언젠가 우리나라에 시한부 종말론을 주장하는 사람들이 있었습니다. 그들이 '몇년, 몇월, 몇일'에 예수님이 오신다고 크게 떠들었습니다. 그들이 말하는 시한부 종말론을 믿은 많은 사람들이 그 시간에 예수님이 오시기를 기다렸습니다. 그러나 예수님은 오시지 않았습니다. 많은 사람들이 그들을 보고 비웃었습니다.

예수님이 언제 오신다고 이야기한 사람들이 멸시를 받자 그 후로는 누구도 예수님이 오신다는 이야기를 하지 않았습니다. 잘못 이야기하면 시한부 종말론자라는 말을 들을 수 있기 때문에 그런 이야기하는 것을 싫어했습니다. 자연히 사람들 마음에서 예수님이 재림하신다는 사실이 희미해지고 있습니다. 그러나 예수님은 분명히 다시 오십니다. 그런데 한국으로 오시지 않고 이스라엘 감람산으로 오실 것입니다.

예수님이 재림하시면 세상을 심판하십니다. 제일 먼저 성전에 들어가서 성전에 있는 더러운 것들을 내쫓는 일을 하십니다. 오늘날 이 땅에는 예수님의 이름을 앞세워 자신을 위하며 많은 사람을 현혹시키는 거짓 선지자와 거짓 종이 많습니다. 예수님은 제일 먼저 그들을 심판하실 것입니다.

데살로니가후서 2장에 보면 악한 자에 관하여 이야기합니다.

"… 저 불법의 사람, 곧 멸망의 아들이 나타나기 전에는 이르지 아니하리니, 저는 대적하는 자라. 범사에 일컫는 하나님이나 숭배함을 받는 자 위에 뛰어나 자존하여 하나님 성전에 앉아 자기를 보여 하나님이라 하느니라."(살후 2:3~4)

예수님이 오실 때에 성전에 앉아 자기를 하나님이라고 하는 자가 있습니다. 악한 자는 능력과 거짓 기적을 일으켜 사람들로 하여금 자신을 섬기게 만듭니다.

"악한 자의 임함은 사단의 역사를 따라 모든 능력과 표적과 거짓 기적과 불의의 모든 속임으로 멸망하는 자들에게 임하리니…"(살후 2:9~10)

마태복음 24장 15절에 보면, 예수님이 마지막 때에 관해 이야기하시면서 **"그러므로 너희가 선지자 다니엘의 말한바 멸망의 가증한 것이 거룩한 곳에 선 것을 보거든(읽는 자는 깨달을진저)"**라고 하셨습니다. 악한 자가 성전에 서서 자신이 하나님이라고 한다는 것입니다. 예수님이 그를 죽이고 폐하신다고 했습니다.

"그때에 불법한 자가 나타나리니 주 예수께서 그 입의 기운으로 저를 죽이시고 강림하여 나타나심으로 폐하시리라."(살후 2:8)

예수님은 감람산에서 예루살렘으로 가서 제일 먼저 성전에서 더러운 것들을 다 내쫓는 일을 하셨습니다. 예수님이 재림하시면 제일 먼저 성전에서 악한 자를 내쫓으실 것입니다.

나는 저분이 메시아인 줄 알았는데…

예수님이 다시 오시기 전까지 악한 영이 역사해서 사람들을 미혹하는 일들이 일어납니다. 사람들이 자신이 따르는 존재가 '그리스도인지 적그리스도인지' 분별하기 어려울 정도로 사탄이 역사한다는 것입니다. 여기서 우리가 기억해야 할 사실이 있습니다. 사람들이 왜 적그리스도를 그리스도로 여기고 따르느냐는 것입니다. 인간이 속에 악한 마음, 예수님을 거스르고 대적하는 마음을 가지고 있기 때문입니다. 그래서 사람들이 좋아하는 메시아가 있고, 사람들 보기에 좋은 그리스도 같은 사람이 있습니다.

그렇기 때문에 우리가 신앙생활을 할 때 내 마음에 드는 종교, 내 마음에 드는 교회, 내 마음에 드는 하나님의 종을 선택해야 하는 것이 아닙니다. 예수님이 세상에 계실 때 흠모할 만한 것이나 존경받을 만한 것이 없었습니다. 많은 사람들이 제사장이나 서기관, 바리새인들을 따랐지 예수님을 따르지 않았습니다. 배고픈 자들이 떡을 얻어먹기 위해 예수님을 따랐고, 병든 사람들이 병을 고침 받기 위해 예수님을 따랐으며, 죄에 빠진 사람들이 죄 사함을 받기 위해 예수님을 따랐을 뿐입니다.

내세울 것이 없어서 마음이 가난하고 자신을 믿지 못하는 사람들이 예수님의 마음과 만날 수 있습니다. 예수님의 마음을 자기 마음 안에 받아들일 수 있습니다. 이것은 정말 중요한 사실입니다. 예수님이 재림하실 때 많은 사람들이 슬피 울 것입니다.

'나는 저분이 메시아인 줄 알았는데, 하나님의 사람인 줄 알았는데, 거짓 선지자였다니 믿을 수가 없어. 어느 모로 보나 하나님의 종이 확실했는데, 모든 사람이 저분을 존경했는데, 겸손하고 품위가 있고 위대한 분이었는데 저분이 거짓 선지자였다니….'

사람들은 자신에게 하늘의 신령한 복을 가져다주는 참된 교회보다 인간적인 필요를 충족시켜 주는 외형적인 교회를 더 좋아합니다. 그래서 많은 사람이 거짓 선지자를 따를 것입니다. 하나님 보시기에 악한 자를 따를 것입니다. 적그리스도를 따를 것입니다. 그리고 참된 그리스도인들을 핍박할 것입니다. 그리스도인을 잘못되었다고 비난할 것입니다. 저주하고 욕할 것입니다. 어떤 경우에는 죽이기도 할 것입니다. 마지막 시대에 그런 일이 일어날 것이라고 합니다.

예수님이 성전을 깨끗하게 하신 뒤, 열매 없는 무화과나무를 저주하셨습니다. 이 무화과나무처럼 잎사귀는 무성한데 열매는 전혀 없는 사람이 많습니다. 예수님은 그런 사람을 저주하십니다. 마지막으로 포도원 농부를 심판하신 것처럼, 하나님의 은혜를 입고도 왕의 아들을 죽인 악한 자들을 심판하십니다.

이방인의 때가 차기까지 예루살렘이 이방인들에게 밟힐 것

마태복음 21장에서 예수님이 나귀를 타고 예루살렘에 들어가셨습니다. 그 전에, 예수님은 우리를 구원하러 오셨기 때문에 사람들을 구원하는 이야기가 나옵니다. 병든 자를 고치시고, 눈먼 자를 보게 하시고, 복음을 전하셨습니다. 그런데 21장에서는 예수님이 무화과나무가 열매를 맺도록 북돋아 주시는 것이 아니라 저주하셨습니다. 마태복음 21장에서 예수님은 심판주로 나타나십니다. 그 출발점이 감람산입니다. 재림하실 예수님을 나타내고 있는 것입니다.

첫 번째 세상에 오신 예수님은 우리를 구원하러 오셨습니다. 병든 자를 불쌍히 여기시고 열매 없는 자가 열매를 맺게 해주셨습니다. 우리를 죄와 질병과 고통에서 건지는 일을 하셨습니다. 두 번째 오시는 예수님은 구원하는 예수님으로 오시는 것이 아니라 심판하는 예수님으로 오십니다. 예수님이 첫 번째 오셨을 때에는 구원받을 사람이 많았습니다. 예수님이 두 번째 오실 때에는 심판받아야 할 사람이 많습니다.

성경은 이런 일을 자세히 이야기해주고 있습니다. 요즘 이스라엘을 중심으로 많은 일들이 일어나고 있습니다. 예수님께서 '예루살렘이 이방인의 때가 차기까지 이방인들에게 밟힐 것'이라고 말씀하셨습니다. 다니엘 성경에 기록된 대로 70이레 가운데 69이레가 지나갔습니다. 한 이레를 앞두고 하나님은 이방인들을 위하여 예루살렘에 이방인의 때를 정하셨습니다.

이방인의 때가 되기 전에는 이방인은 하나님과 상관없이 살았습니다. 그런데 유대인들이 예수님을 십자가에 못박았고, 하나님이 이방인의 때를 허락하셨습니다. 그 전에는 구원이 유대인에게 임했지만 이방인의 때가 시작되면서 이방인이 구원받기 시작했습니다. 사도행전 10장에 보면 베드로가 성령에 이끌려 이방인 고넬료에게 복음을 전했습니다. 고넬료가 이방인으로서 처음으로 구원받고, 이후 이방인들에게 구원의 길이 활짝 열렸습니다. 복음은 더이상 유대인들의 전유물이 아니었습니다. 하나님이 이방인의 때를 주셔서 전 세계 모든 사람이 복음을 들을 수 있게 하셨습니다.

마태복음 마지막에 보면, 예수님이 제자들에게 **"너희는 가서 모든 족속으로 제자를 삼아"**라고 하셨습니다. 이방인의 때가 열릴 것을 미리 말씀하신 것입니다. 이제 이방인의 때가 끝나가고 있습니다. 이방인의 때를 이루기 위해 예루살렘이 2천 년 동안 이방인들에게 밟혔습니다. 유대인들이 예루살렘을 떠나 살다가 1948년에 다시 이스라엘로 돌아와 나라를 세웠습니다. 이방인에게 밟혔던 땅을 유대인이 다시 밟았습니다.

이제 유대인들이 마지막으로 밟아야 할 땅이 있습니다. 모리아 산에 있는 예루살렘 성전 터입니다. 지금 그곳에 회교 사원이 세워져 있어서 유대인들이 아직 밟지 못하고 있습니다. 언젠가 그 회교 사원이 무너지고 성전이 지어질 것입니다. 그러면 이방인의 때가 끝나고 다시 유대인의 때가 시작되어 마지막 한 이레 7년이 시작될 것입니다.

이방인이 구원받는 놀라운 기회가 주어지는 동안 유대인에게는 구원의 문이 닫혀 있었습니다. 얼마 전에 우리가 이스라엘에 선교사를 보냈고, 유대인들 가운데 구원받는 역사가 일어나고 있습니다.

예수님이 다시 오실 날이 멀지 않았습니다. 우리가 무엇을 해야 하겠습니까? 예수님을 맞을 준비를 해야 합니다. 흰옷을 입고 산에 올라가야 할 필요는 없습니다. 자기 생각을 버리고 예수님을 마음에 모셔들여야 합니다. 우리 마음에 예수님의 십자가가 세워져 있어야 합니다. 십자가는 우리 죄를 씻은 자리입니다. 우리가 지은 죄의 형벌을 예수님이 대신 받으신 자리입니다. 마음에 십자가가 없는 사람은 죄가 머물러 있을 것입니다. 반대로 마음에 십자가가 세워진 사람은 모든 죄가 씻어졌을 것입니다. 그 사람은 예수님이 다시 오실 때 기쁨으로 예수님을 맞이할 것입니다.

95강

예루살렘에 들어가시니
온 성이 소동하여

"제자들이 가서 예수의 명하신 대로 하여 나귀와 나귀 새끼를 끌고 와서 자기들의 겉옷을 그 위에 얹으매 예수께서 그 위에 타시니, … 무리가 소리질러 가로되 '호산나, 다윗의 자손이여! 찬송하리로다, 주의 이름으로 오시는 이여! 가장 높은 곳에서 호산나!' 하더라. 예수께서 예루살렘에 들어가시니 온 성이 소동하여 가로되 '이는 누구뇨?' 하거늘 무리가 가로되 '갈릴리 나사렛에서 나온 선지자 예수라' 하니라."(마 21:6~11)

왕이 있는데 다른 왕이 왔기 때문에

예수님이 베들레헴에 태어나셨을 때, 동방에서 박사들이 와서 왕궁에 들어가 "유대인의 왕으로 나신 이가 어디 계시뇨?"라고 물었습니다. 그때 헤롯 왕과 온 예루살렘이 듣고 소동했다는 이야기가 나옵니다. 그들이 왜 소동했습니까? 이스라엘에 왕이 있는데 다른 왕이 왔기 때문에 소동했습니다.

예수님께서 감람산에서 예루살렘으로 들어가실 때 나귀를 타고 가셨습니다. 성경에 왕이 예루살렘에 임할 때 나귀 새끼를 탄다고 했습니다.

"시온의 딸아, 크게 기뻐할지어다. 예루살렘의 딸아, 즐거이 부를 지어다. 보라, 네 왕이 네게 임하나니 그는 공의로우며 구원을 베풀며 겸손하여서 나귀를 타나니 나귀의 작은 것 곧 나귀 새끼니라."(슥 9:9)

예수님이 나귀를 타고 예루살렘으로 들어가실 때 사람들이 자기 겉옷을 길에 펴고 다른 사람들은 나뭇가지를 베어 길에 펴고, 앞에서 가고 뒤에서 따르며 "호산나, 다윗의 자손이여! 찬송하리로다, 주의 이름으로 오시는 이여! 가장 높은 곳에서 호산나!"라고 소리쳤습니다. 그렇게 예수님이 예루살렘에 들어가시자 온 성이 소동했다고 했습니다. 헤롯 왕이 있는데 예수님이 왕으로 오시니 소동할 수밖에 없었습니다.

재미있는 사실은, 우리 안에도 마음을 지배하는 힘을 가진 왕이 있습니다. 그 왕이 제일 싫어하는 것은 왕의 자리를 빼앗기는 것입니다. 우리 마음에 영광스럽고 영원하신 왕 예수 그리스도가 오는 것을 가장 반대하는 것이 우리 속에 있는 왕, 바로 우리 자신입니다. 사탄은 굉장히 간교합니다. 예수님 믿는 것을 별로 방해하지 않는 것 같습니다. 교회에도 다니게 하고 헌금도 하고 봉사도 하게 합니다. 대신 예수님을 우리 마음의 왕으로 삼는 것은 싫어하게 합니다.

중요한 것은, 우리 마음을 진짜로 다스리는 존재가 누구이냐입니다. 나 자신이냐, 예수님이냐? 하나님을 믿는 사람은 많지만 대부분 육신의 정욕이나 쾌락을 따라 삽니다. 하나님을 믿는데 어떻게 육신의 정욕을 따라 삽니까? 예수님이 마음에 왕이 되지 않았기 때문에 가능한 일입니다.

그라시아스합창단이 미국에서 크리스마스 칸타타 순회공연을 합니다. 수천 명이 공연장에 와서 감동을 받습니다. 칸타타가 3막으로 이루어져 있는데, 3막에서 합창단이 헨델의 '메시아' 중에서 '할렐루야'를 부릅니다.

"왕의 왕, 주의 주, 할렐루야 할렐루야…"

많은 사람들이 이 노래를 좋아합니다. 예수님을 높이는 노래입니다. 노래를 마치면 사람들이 기립해서 뜨겁게 박수를 칩니다. 그런데 자신의 마음에서는 예수님이 왕이 되길 바라지 않습니다. 여전히 자기가 왕으로 있기를 원합니다. 하나님을 믿는다고 하는 수많은 사람들 가운데, 예수님 앞에 무릎을 꿇고 예수님을 왕으로 세우고 자기 욕망이나 정욕을 따라 살지 않고 예수님의 뜻을 따라 살려고 하는 사람은 극히 드뭅니다. 인간은 다 아담의 후손으로 태어나 하나님을 거스르는 마음을 가지고 있기 때문입니다.

사람들에게 자신의 욕망과 정욕대로 살고 싶어하는 마음이 있습니다. 만일 예수님이 우리 마음에 왕으로 오시면 더럽고 추하고 가증한 육신의 욕망을 따라 사는 삶을 계속할 수 없습니다. 사람들이 예수님을 사랑하는 것 같지만 육신의 욕망과 쾌락을 너무 사랑하기 때문에 예수님을 왕으로 모시려고 하지 않습니다. 신앙생활을 해보면, 육신의 욕망과 정욕이 예수님을 섬기려고 하는 것을 강하게 막고 있는 사실을 볼 수 있습니다.

예수님이 베들레헴에 탄생하셨을 때 제일 먼저 헤롯이 예수님을 죽이려고 했습니다. 예수님이 왕이 되면 자신이 왕 노릇하지 못하기 때문입니다. 그러나 예수님은 헤롯의 왕위를 빼앗으려고 오신 것이 아닙니다. 각 사람의 마음에서 왕이 되기를 바라셨습니다. 예수님이 우리 마음에서 왕이 되시면 의로, 평강으로 다스릴 것입니다. 그러면 우리가 기쁘고 평안하고 행복해집니다. 그런데 사람들이 사탄에게 속아서 육체의 정욕과 쾌락에 마음이 더 강하게 이끌립니다. 그런데에 계속 이끌리면 어떻게 됩니까? 예수님이 우리 마음에 왕이 되실 수 없습니다.

교회에 가도, 성경을 읽어도, 기도해도, 예배를 드려도 마음에서 예수님이 왕이 아닌 사람이 많습니다. 예수님을 '주님'이라고 부르지만 마음에서 주로 섬기지 않는 사람이 정말 많습니다. 그 사람들은 자기 욕망을 따라 어두운 길을 걸어가고 있습니다.

마음에 악이나 더러운 것을 두고 예수님을 섬길 수는 없다

예수님께서 감람산에서 나귀를 타고 예루살렘으로 들어오고 계십니다. 예수님이 왕으로 오시면 우리 욕망이, 쾌락이 왕 노릇하지 못하기 때문에 소동을 일으킵니다. 예수님을 반대하고 거역합니다. 이런 싸움은 창세 이후로 계속 지속되고 있습니다. 여러분이 마음에서 예수 그리스도를 주로 섬기고 왕으로 모실 때까지 마음에서 많은 소동이 일어납니다.

저는 어려서부터 교회에 다녔기 때문에 예수님을 주님으로 여기는 것이 당연하다고 생각했습니다. "예수님은 우리의 주님이십니다." 그런데 저는 죄에 이끌려 살았습니다. '나는 왜 죄에 끌려가지? 왜 이렇게 살지?' 예수님이 주님이라면 내가 왜 악을 행하고 더러운 삶을 삽니까? 내 속에서 왜 추한 마음이 일어납니까? 저는 그 사실을 잘 몰랐습니다. 나중에 제가 안 사실은, 입으로만 예수님을 주님이라고 불렀지 마음에 주님으로 모시지는 않았습니다. 예수님이 내 마음에 안 계시니까 제가 어둡게 살 수밖에 없었습니다.

예수님이 예루살렘에 가셔서 제일 먼저 성전에 들어가셨습니다. 당시 성전 안은 소나 양이나 비둘기가 있고, 돈 바꾸는 자들이 있고, 어지러웠습니다. 그 성전에 성전을 맡은 자들이 있었습니다. 제사장, 바리새인, 율법사, 서기관도 많았습니다. 그들이 성전을 깨끗하게 했습니까? 아닙니다. 더러운 그대로 놔두어서 예루살렘 성전 안에 더럽고 추한 것들이 가득했습니다. 그들 또한 더럽고 추한 것들을 좋아했기 때문에 내쫓지 못하는 것입니다. 제사장과 율법사가 양과 소를 쫓아낼 수 없습니다. 육신의 정욕과 욕망을 사랑하기 때문입니다.

예수님은 성전에 들어가서 그 모든 것을 쫓아내고 성전을 정결케 하셨습니다. 여러분 마음에 욕망이나 쾌락이 있으면 예수님과 전쟁을 해야 합니다. 예수님은 그런 것들을 그냥 두시지 않기 때문입니다.

헤롯 왕은 헤로디아를 사랑했고, 세례 요한은 헤로디아를 내쫓으라고 했습니다. 그래서 헤로디아가 세례 요한을 죽이려고 했습니다.

헤로디아가 살면 세례 요한은 죽어야 하고, 세례 요한이 살면 헤로디아가 떠나야 합니다. 우리 마음에서 예수님이 왕이 되시면 악한 생각과 욕망이 떠나가야 하고, 정욕과 쾌락이 머물러 있으면 예수님이 왕이 되실 수 없습니다. 예수님이 예루살렘 성전에 들어가셨을 때, 성전 안에 더러운 것들을 두고 예수님이 거기 계실 수 없었습니다. 여러분 마음에 예수님이 계시면, 악이나 더러운 것을 두고 예수님을 섬길 수는 없습니다. 예수님이 더러운 것들을 다 내쫓으실 것입니다.

예수님을 주인으로 모실 수 있는 기회가 언제까지 주어질지…
예수님이 마음의 왕이 아니기 때문에, 많은 사람들이 교회에 가서 예배를 드릴 때만 잠깐 예수님을 믿는 흉내를 냅니다. 그때는 욕망이나 쾌락을 한쪽에 숨겨둡니다. 그리고 예배를 마치면 다시 욕망과 쾌락을 불러내 그것을 따라 흘러갑니다.

　기억해야 합니다. 예수님이 세상에 처음 오셨을 때에는 죄를 씻어 주시고, 병든 사람을 고쳐 주시고, 고통당하는 이들을 자유롭게 하는 일을 하셨습니다. 열매 없는 나무가 열매를 맺게 하셨습니다. 처음에는 우리를 구원하기 위해 오셨습니다. 두 번째 오실 때에는 구원하러 오시는 것이 아니라 심판하러 오십니다. 그때는 회개할 기회가 없고, 돌이킬 기회가 없습니다. 다시 예수님을 마음에 모시는 시간이 아니라 심판의 시간입니다. 어두움에 속한 것들을 멸하시고, 거듭난 하나님의 자녀들이 예수님과 함께 왕 노릇하는 세계를 하나님이 만드십니다.

　마태복음 후반부에 나오는 포도원 농부 이야기, 임금님의 혼인잔치 이야기 등에는 공통점이 있습니다. 심판이 있다는 것입니다. 마태복음 전반부에서 예수님은 산상보훈을 비롯해 우리가 돌이킬 수 있도록 은혜로운 말씀을 하셨습니다. 죄인에게 가까이 다가가 돌이키게 하는 일을 하셨습니다. 후반부에서는 예수님이 구원하시는 것이 아니라 심판하십니다. 잎사귀만 무성한 무화과나무가 저주를 받아 말랐습니다. 성전에 있던 더러운 것들을 내쫓으셨습니다.

하나님은 심판 전에 사람들이 돌이켜서 예수님을 마음에 모실 수 있도록 기회를 만들어 주십니다. 반대로 사탄은 어떻게든 심판 날까지 돌이키지 않고 욕망을 따라 살도록 이끕니다. 마태복음 20장에서 두 소경 이야기를 했습니다. 그들이 여리고를 떠나가는 예수님께 소리쳤습니다. 그 후로 예수님이 여리고에 가시지 않았기 때문에 예수님을 만날 수 있는 마지막 기회였습니다. 그들은 힘껏 소리쳤습니다.

"주여, 우리를 불쌍히 여기소서! 다윗의 자손이여!"

주위에 있던 사람들이 "예수님 가시는데 왜 시끄럽게 해. 조용히 해."라고 꾸짖었지만 그들에게는 그 소리가 들리지 않았습니다. '지금 예수님이 여리고를 떠나시면 언제 다시 오실지 몰라. 이 시간이 아니면 예수님을 영영 못 만날지 몰라. 그러면 죽을 때까지 소경으로 살아야 해.' 그들은 절박했습니다. 사람들이 꾸짖어도 아랑곳하지 않고 더 크게 소리쳤습니다.

"주여, 우리를 불쌍히 여기소서!! 다윗의 자손이여!!"

예수님께서 그 소리를 듣고 그들을 불러 물으셨습니다.

"너희에게 무엇을 하여 주기를 원하느냐?"

두 소경이 대답했습니다.

"주여, 눈 뜨기를 원하나이다."

예수님이 그들을 안타깝게 여겨 눈을 만지시자 곧 보게 되었습니다. 얼마나 놀라운 일입니까! 두 사람이 얼마나 기쁘고 감사하고 좋았겠습니까!

우리 모두 예수님을 주인으로 모실 수 있는 기회 가운데 있습니다. 이 기회가 언제까지 주어질지 모릅니다. 사탄은 하루하루 미루어, 멸망을 받도록 예수님이 심판하러 오실 때까지 미루게 합니다. 사람들이 이 사실을 모르고, 마음에 죄를 두고도 해결하려고 예수님을 찾지 않습니다. 적당하게 신앙생활을 하는 흉내만 내고 있습니다. 그렇게 지내다가 예수님이 다시 오시면 얼마나 무서운 일을 겪게 될지 모릅니다.

다시 한 번 이야기하지만, 예수님이 첫 번째는 우리를 구원하러 오셨고, 두 번째 오실 때에는 심판하러 오십니다. 예수님을 등지고 사탄이 주는 생각을 따라 흘러가면 심판을 받게 됩니다. 누구든지 욕망을 따라 살았다면 이제 돌이켜 예수님을 마음에 모시고 살길 바랍니다. 더없는 평안과 은혜와 축복을 누리게 될 것입니다.

96강

잎사귀만 무성한 무화과나무

"이른 아침에 성으로 들어오실 때에 시장하신지라. 길가에서 한 무화과나무를 보시고 그리로 가사 잎사귀밖에 아무것도 얻지 못하시고 나무에게 이르시되 '이제부터 영원토록 네게 열매가 맺지 못하리라' 하시니 무화과나무가 곧 마른지라."(마 21:18~19)

잎이 무성하니 열매가 많을 것이라고 기대했지만
예수님이 이른 아침에 예루살렘 성으로 들어가실 때 시장하셨습니다. 길가에서 한 무화과나무를 보셨는데, 잎사귀가 무성했지만 열매는 없었습니다. 예수님이 그 무화과나무를 저주하셔서 나무가 말랐습니다.
　나무는 잎이 햇볕을 받아 광합성 작용을 해서 녹말을 만들어냅니다. 제가 사과 농사를 짓는 분에게 들은 이야기인데, 사과나무에 열매가 달리면 잎사귀 수와 사과 수를 계산해서 열매를 따낸다고 합니다. 열매 하나를 제대로 키우기 위해 녹말을 만드는 잎사귀가 몇 개나 필요한지 농부는 알고 있습니다. 잎사귀에 비해 열매가 많이 달리면 열매들이 녹말을 나누어 쓰기 때문에 사과가 제대로 자라지 못합니다. 사과가 크게 자라게 하려면 충분한 잎사귀가 필요합니다.

나무들은 봄에 잎을 냅니다. 잎이 어느 정도 자라면 꽃이 피고 열매가 달립니다. 무화과나무는 열매를 맺는 것이 보통 나무들과 조금 다릅니다. 잎이 나기 전에 열매부터 맺습니다. 무화과나무는 '꽃 없이 열리는 열매(無花果무화과)'라고 붙여진 이름인데, 눈에 잘 보이지 않아서 그렇지 실제로는 꽃이 있습니다. 무화과나무는 열매가 달린 뒤 잎이 나와서 열매를 키워 나갑니다. 다른 나무는 잎을 보고 열매를 맺지만, 무화과나무는 열매를 맺으면 잎이 나올 것을 알고 열매부터 시작합니다.

예수님이 시장하셔서 무화과나무를 보고 가까이 가셨을 때 그 나무는 잎은 무성한데 열매는 없었습니다. 이 나무는 어떤 생각을 했느냐면, '열매를 만들려면 잎이 필요해' 하고 잎을 만드는 데에 충실했다는 것입니다. 잎을 만드는 데에 너무 충실하다 보니 열매를 맺는 일에는 소홀했습니다. 예수님이 멀리서 나무를 보았을 때 잎이 아주 무성했습니다. 정상적인 무화과나무는 잎이 나기 전에 열매가 맺히기 때문에 잎이 무성하면 열매가 많을 것이라고 기대할 수 있습니다. 그런데 가까이 가서 보니 열매가 하나도 없었습니다.

이런 경우를 생각하면 마음이 정말 안타깝습니다. 잎이 무성할 때면 열매가 무르익었을 때입니다. 만일 제가 무화과나무였다면 '내가 믿음 없이 잎사귀만 내지 말고 열매부터 만들자' 했을 것 같습니다. 그래서 예수님이 시장해 무화과를 바라고 나무에게 다가가셨을 때 무화과나무가 예수님께 열매를 드렸다면 얼마나 영광스러웠겠습니까!

예수님은 아무것도 갖추어지지 않은 상태에서 일하신다

무화과나무 이야기에서, 우리 생각과 예수님의 생각이 너무 다른 것을 봅니다. 사람들은 물질세계를 중심으로 무엇을 배웁니다. 예를 들면, 주위를 밝힐 빛을 만들려면 기름과 등잔이 있어야 합니다. 아니면 땔감을 준비해서 불을 피워야 합니다. 자동차 공장을 차리려고 하면 넓은 땅을 마련해야 하고, 전기를 끌어와야 하고, 각종 기계를 갖추어야 합니다. 그리고 직원을 뽑아서 자동차를 만드는 기술을 가르쳐야 합니다. 그렇게 조건을 다 갖추어 놓고 자동차를 만들기 시작합니다.

우리는 이처럼 모든 것이 갖추어진 상태에서 일하는 방식을 배웠습니다. 그래서 어떤 일을 하기 전에 '필요한 조건들이 갖추어졌나, 안 갖추어졌나'를 살핍니다. 예수님은 전혀 다르게 일하십니다. 예수님은 천지를 창조하신 분이기에 아무것도 갖추어지지 않은 상태에서 일하십니다. 자연히 예수님이 보시는 것과 우리가 보는 것은 전혀 다릅니다.

예수님이 야이로의 집에 가셨을 때 야이로의 딸이 죽었습니다. 사람들은 다 그 소녀가 죽었다고 했지만 예수님은 잔다고 하셨습니다. 그곳에 있던 사람들이 볼 때에는 분명히 죽었기 때문에 예수님을 비웃었습니다. '아니, 숨이 그치고 맥이 뛰지 않고 몸이 차갑게 식어가고 있는데 아이가 잔다고?' 그러나 예수님은 창조하는 분이시기 때문에 아이에게 "달리다굼(소녀야, 내가 네게 말하노니 일어나라)." 하시자 야이로의 딸이 일어났습니다.

나사로가 죽었습니다. 예수님께서 마르다에게 말씀하셨습니다. "네 오라비가 다시 살리라." 마르다는 그 말을 믿지 못했습니다. 예수님이 나사로를 묻은 무덤에 가서 무덤 입구를 막은 돌을 옮겨놓으라고 하셨습니다. 그때 마르다가 이렇게 말했습니다. "주여, 죽은 지가 나흘이 되었으매 벌써 냄새가 나나이다." 죽어서 썩어 냄새가 나는 사람을 어떻게 살립니까? 우리 생각에서는 불가능합니다. 그러나 인간을 만드신 하나님이 왜 못 살리십니까? 살리십니다.

사람들이 예수님을 믿을 때 자기 관념 안에서 믿으려고 합니다. 그러나 우리 관념으로 보며 예수님이 하신 말씀이 말이 안 되는 이야기입니다. '아무리 예수님이라도 썩어서 냄새가 나는 나사로를 어떻게 살려?' 사람은 다 그렇게 생각합니다. 우리는 인간 세상에서 배운 것을 가지고 예수님에게 적용시키려고 합니다. 그러니까 올바른 신앙을 갖지 못합니다.

우리가 죄를 사함 받는 것도 똑같습니다. 사람에게는 죄를 씻고 싶은 마음이 있습니다. 늘 죄를 짓기 때문에 자신이 죄인이라고 생각하면서 삽니다. 그러다가 예수님이 인간의 죄를 씻기 위해 십자가에 못박혀 죽으셨다는 이야기를 듣습니다. 그때 어떻게 생각합니까? '예수님이 우리 죄를 위해 죽으신 것은 사실이야. 그렇지만 나는 죄를 짓기 때문에 죄인이 맞아.' 이처럼 인간적인 관념 안에서 신앙생활을 하려고 하는 사람이 정말 많습니다.

예수님은 우리와 다릅니다. 우리가 볼 때 죽었어도 예수님이 잔다고 하시면 자는 것이 맞습니다. 우리가 볼 때 썩어 냄새가 나도 예수님이 살아난다고 하시면 살아나는 것이 맞습니다. 예수님이 말씀하시는 것이 내 생각에 맞고 관념에 맞아서 받아들이는 것이 아닙니다. 맞든 맞지 않든 말씀을 그냥 받아들이는 것입니다.

조건이 갖추어지면 일하려고 해서 열매는 하나도 맺지 못하고

다른 무화과나무들은 열매부터 맺는데 잎사귀부터 낸 무화과나무가 있었습니다. 그 나무가 혼자 이야기합니다.

'저 미련한 나무들, 저렇게 열매를 맺고 잎이 안 나오면 어떡하려고? 열매 다 죽을 건데…. 잎을 먼저 만들어야 돼. 저기 감나무나 사과나무를 봐. 먼저 잎부터 만들잖아. 저런 것을 본받아야 하는데 미련하게 열매부터 맺네. 난 저렇게 미련하게 안 살 거야. 생각해 가면서 살 거야. 열매를 맺는 데에는 잎이 필요하니까 열매는 천천히 맺고 잎부터 만들 거야.'

이 무화과나무는 열매를 맺는 일보다 잎을 만드는 일부터 시작했습니다. 다른 무화과나무들은 이 나무와 다르게 생각했습니다.

'난 믿음의 나무야. 하나님은 내가 잎을 낸 뒤 열매를 맺는 것을 원하시지 않아. 하나님이 잎을 주실 것을 믿고 열매부터 맺길 바라셔. 지금 잎이 날 생각도 하지 않고 있지만 열매를 맺으면 하나님이 잎이 나오게 해주셔.'

이런 마음으로 열매부터 맺었습니다. 열매들이 달리자 잎들이 뻗어나왔습니다. 잎이 광합성 작용으로 녹말을 만들어서 열매들에게 보냈습니다. 열매들이 얼마나 기쁘겠습니까.

'우리부터 맺혔으니 만일 잎이 안 나오면 말라 죽어야 하는데 하나님이 잎을 주셨어. 이제 녹말이 만들어져서 우리에게 공급되는구나. 우리는 가만히 있어도 저절로 자라는구나.'

다른 무화과나무에는 열매들이 달려서 탐스럽게 익어갔습니다. 그때도 열매 없는 무화과나무는 다른 나무들을 비웃었을 것입니다. '나는 잎이 많기 때문에 언제든지 열매를 맺을 수 있어.' 이 나무는 자신에게 잎이 많은 것을 자랑스럽게 여겼습니다.

예수님은 시장하셔서 열매가 필요했습니다. 열매를 얻으려고 무화과나무에 가까이 가셨습니다. 잎이 무성한 나무였지만 예수님께 작은 열매 하나 드리지 못했습니다. 예수님이 그 나무를 저주하셨습니다.

조금 깊이 생각해 보면, 이 나무는 믿음으로 살지 않은 무화과나무였습니다. 모든 조건이 갖추어지는 것을 보고 일하려고 했습니다. 그래서 열매는 하나도 맺지 못하고 조건만 무성하게 갖추었습니다.

우리가 믿음으로 어떤 일을 시작하면 하나님께서 역사하시는 것을 볼 수 있습니다. 제가 복음을 위해 살면서 조건을 갖추고 일을 시작한 적이 한 번도 없습니다. 책을 출판할 때나 선교학교를 시작할 때나 해외에 선교사를 보낼 때나, 우리에게는 조건이 아무것도 없었습니다. 하나님이 기뻐하시는 일이어서 시작했습니다. 하나님이 기뻐하시기에 선교학교를 시작했고, 하나님이 기뻐하시기에 책을 출판하고 방송을 시작했으며, 하나님이 기뻐하시기에 세계 각 나라에 선교사들을 보냈습니다. 국제청소년연합(IYF)을 시작하고, 그라시아 스합창단을 만들었습니다. 다 불가능해 보였지만 하나님이 이 모든 일을 이루어 가시는 것을 볼 수 있었습니다.

오래 전, 우리가 브라질에 선교사를 보냈습니다. 그 선교사는 브라질 말을 전혀 모르고, 브라질에 그를 맞아줄 사람이 있는 것도 아니며, 돈이 많은 것도 아니었습니다. 브라질로 가는 비행기 표를 준비해서 선교사 가족을 보내며 제가 말했습니다.

"브라질로 가는 비행기를 타. 한국에서 가는 비행기니까 브라질 상황을 잘 아는 사람이 많을 거야. 브라질까지 가는 데 30시간쯤 걸리니까 비행기 안에서 복음을 전해. 그래서 구원받는 사람이 생기면 그 사람의 도움을 받아."

아무것도 준비되지 않은 상태에서 선교사를 보냈지만 하나님이 그 가족을 보호하시고 인도하셨습니다. 놀라운 역사들이 일어나 브라질 선교가 힘있게 시작되었습니다.

코스타리카에 선교사를 보낼 때에도 상황이 같았습니다. 선교사 가족이 비행기를 타고 코스타리카에 도착해 세관을 통과하는데 세관원이 짐 속에 있는 물건을 가리키며 '이게 뭐냐?'고 물었습니다. 스페인어를 전혀 모르고 갔기 때문에 선교사는 아무 대답도 못 하고 그저 웃고만 있었습니다. 옆쪽에 서 있으라고 해서 한 시간 정도 있다가 세관원이 그냥 가라고 해서 나왔습니다.

어느덧 날이 어두워지고 있었습니다. 어디로 가야 하는지, 어떻게 해야 하는지 아무것도 몰랐습니다. 그때 저쪽에서 한 동양인이 뛰어오더니 물었습니다.

"혹시 조성주 선교사님이세요?"

"예, 그렇습니다."

"제가 오늘 아침에 한국에 사는 지인한테서 전화를 받았어요. 자기가 아는 분이 선교사로 코스타리카에 가는데 말도 모르고 아는 사람도 없다며, 저에게 꼭 좀 도와주라고 부탁했어요. 그래서 한참을 기다렸는데 왜 이렇게 늦게 나왔어요?"

조 선교사님이 세관원에게 잡혀 있다가 나온 이야기를 들려주었습니다. 그분이 선교사 가족을 맞이하고, 살 집을 구하도록 도와주었습니다.

집을 얻은 뒤 스페인어를 배우기 시작했습니다. 말을 몇 마디 할 수 있게 되자 조 선교사님이 복음을 전하고 싶었습니다. 자신에게 스페인어를 가르치는 선생님 등 세 사람을 앉혀놓고 복음을 전했습니다. 문장을 만들어서 말하는 것이 아니라 단어를 몇 개씩 나열하니까 사람들이 알아들을 수 없었습니다. 선교사님이 이야기하면, "선교사님, 잠깐만요." 하고 세 사람이 '지금 무슨 말을 하려고 하는 거냐?' 하고 의논했습니다. 그리고 어느 정도 이해가 되면 다음 이야기를 들었습니다. 그렇게 복음을 전했는데 사람들이 죄 사함을 받고 너무 좋아했습니다. 선교를 그렇게 시작해서 지금은 많은 사람들이 구원받았습니다.

부족한 것이 많았기 때문에 하나님이 일하실 기회가 많았다

우리가 선교사를 보내도 뒷받침할 물질이 없었습니다. 선교하러 가는 목회자들이 선교를 어떻게 하는 줄도 모르고, 그 나라 말도 모르고 갔습니다. 다만 우리는 복음을 너무 전하고 싶었습니다. 말을 못하지만, 돈이 없지만, 아는 사람이 없지만, 비행기를 타고 그냥 그 나라에 들어갔습니다. 기쁜소식선교회에서 전 세계에 선교사를 보냈습니다. 보낼 능력이 있거나 돈이 있거나 일꾼이 많아서 보낸 것이 아닙니다. 선교사를 보내야 했기에 한국에서 목회하는 목사님을 하나 뽑아서 그냥 보냈습니다. 때로는 눈물을 흘리며 보냈습니다.

선교사들이 가서 어떻게 일할지 몰랐습니다. 비자를 어떻게 얻어야 하는지도 모르고 갔습니다. 현지에서 다른 교회에서 파송 받은 선교사를 만나면, 그들이 우리 선교사에게 물었습니다.

"당신, 뭐하는 사람입니까?"

"선교사입니다."

"아니, 선교하러 온 사람이 이 나라 말도 못 하면 어떡합니까?"

"여기서 배우면 되지요."

"당신을 보낸 선교회에서 돈은 충분히 보내줍니까?"

"하나님께 구해서 삽니다."

다른 선교사들은 오기 전에 말을 배우고, 현지에서 사는 데 필요한 것들도 미리 준비하고, 돈도 충분히 가지고 옵니다. 후원도 계속 충분히 받습니다. 우리 선교사들은 비행기 표와 돈 조금 가지고 갑니다. 그 다음에는 하나님을 의지해서 삽니다. 어떻게 보면 막막하기 그지없지만 하나님을 의지하고 발을 내디뎠습니다. 그렇게 선교를 시작했는데 지금은 굿뉴스미션이 세계에서 가장 크게 일하는 선교회가 되었습니다. 우리 선교사들을 통해서 수많은 사람들이 구원받아서 얼마나 감사한지 말로 다 할 수 없습니다.

우리에게는 부족한 것이 많았기 때문에 하나님께서 일하실 기회가 많았습니다. 반면에 모든 것을 갖춘 다른 선교사들은 하나님이 일하실 틈이 없게 만들었습니다.

같은 무화과나무여도, 어떤 나무는 '나는 모든 것이 갖추어진 뒤 열매를 맺을 거야. 열매를 먼저 맺었다가 잎이 나지 않아서 열매가 말라비틀어지면 얼마나 창피해?' 하고 열매 맺는 일을 하지 않았습니다. 다른 나무들은 '열매를 맺으면 하나님이 잎을 주시고 열매를 자라게 해주실 거야' 하고 믿음으로 열매를 먼저 맺었습니다.

잎만 무성한 무화과나무가 열매를 맺어서 예수님이 시장하셨을 때 무화과를 드셨으면 얼마나 행복했겠습니까! 그 기회를 놓치고 말았습니다. 너무나 안타까운 일입니다. 하나님의 일은 믿음으로 해야 합니다. 하나님이 우리와 함께하시는 것을 믿고, 우리 속에 살아 일하실 것을 믿고 발을 내디뎌야 합니다.

97강

멸망의 길로 간 포도원 농부들

"다시 한 비유를 들으라. 한 집 주인이 포도원을 만들고 산울로 두르고 거기 즙 짜는 구유를 파고 망대를 짓고 농부들에게 세로 주고 타국에 갔더니 실과 때가 가까우매 그 실과를 받으려고 자기 종들을 농부들에게 보내니 농부들이 종들을 잡아 하나는 심히 때리고 하나는 죽이고 하나는 돌로 쳤거늘, 다시 다른 종들을 처음보다 많이 보내니 저희에게도 그렇게 하였는지라. 후에 자기 아들을 보내며 가로되 '저희가 내 아들은 공경하리라' 하였더니 농부들이 그 아들을 보고 서로 말하되 '이는 상속자니 자 죽이고 그의 유업을 차지하자' 하고 이에 잡아 포도원 밖에 내어쫓아 죽였느니라. 그러면 포도원 주인이 올 때에 이 농부들을 어떻게 하겠느뇨?"(마 21:33~40)

내 마음이 정말 이럴까?

우리는 종종 자기가 들어 있는 사진을 봅니다. 자기 얼굴이고 익숙한 얼굴인데도 '잘생겼다' 싶을 때도 있고, '얼굴이 왜 이러냐?' 싶을 때도 있습니다. 자신의 얼굴을 직접 보지는 못하지만 거울을 통해서 보거나 사진으로 보면서 여러 감정을 느낍니다.

우리 마음은 어떻게 생겼을까요? 마음을 볼 수 있는 눈이 없고 마음을 찍은 사진도 없으니 자기 마음의 생김새를 알기 어렵습니다. 우리 마음이 어떻게 생겼는지는 성경에서 찾을 수 있습니다. 성경에서 말하는 우리 마음을 보면 '내 마음이 정말 이럴까?' 하고 깜짝 놀랄 때가 많습니다.

오래 전에, 제가 아는 분 가운데 독일에서 간호사로 일하는 분이 있었습니다. 그분이 아버지에게 복음을 전하고 싶은데 한국에 올 수 없어서, 친구에게 부탁해서 자기 아버지를 모시고 진도 집회에 참석하게 했습니다. 유교를 믿던 어른이 어느 날 제가 말씀을 전하는 집회에 참석해서 복음을 듣고 죄 사함을 받았습니다. 그분이 고향으로 돌아가신 뒤 하루는 저에게 전화를 했습니다. "목사님, 이 근처에 오실 일이 있으면 우리 집에 한번 들러주세요."라고 부탁했습니다.

한 달쯤 지나 그 집을 방문했습니다. 그 어른과 이야기를 많이 나누었습니다. 이분은 옛날에 활 쏘는 것을 아주 좋아해서 새벽마다 활터에 가서 아침 9시까지 활을 쏘며 지냈다고 했습니다. 그런데 죄 사함을 받고 난 뒤로는 활쏘기를 그만두었다고 했습니다. 그때부터는 성경을 읽기 시작했다고 했습니다. 얼마 사이에 신구약 성경을 다 읽었다고 했습니다. 그분이 저에게 말했습니다.

"목사님, 제가 물어보고 싶은 것이 있습니다. 제가 공자님 책도 읽어보고 맹자님 책도 읽어보았습니다. 그런 책에는 나오지 않는 이상한 이야기가 이 거룩한 성경에 나옵니다. 성경에는 아버지와 딸이 관계를 갖고, 오빠와 여동생이 관계를 갖고, 그런 음탕한 이야기들이 기록되어 있습니다. 이 좋은 책에 왜 그렇게 더러운 이야기를 기록했습니까? 어떨 때는 성경을 읽다가 얼굴이 뜨뜻해집니다. 저는 성경에 좋은 말씀만 있을 줄 알았는데 왜 지저분한 이야기가 있습니까?"

그분은 오랫동안 유교를 믿다가 구원받아 성경을 처음 읽었기 때문에 그런 의문이 있었습니다. 제가 대답했습니다.

"그것이 성경이 일반 책과 다른 점입니다. 만일 인간이 왕의 일대기를 기록한다면, 다윗에 관하여 쓸 때 우리아의 아내와 간음한 이야기나 우리아를 죽인 이야기는 빼고 좋은 내용만 썼을 것입니다. 성경은 우리 마음을 나타내는 이야기들로, 우리 속에 그런 악한 마음이 있는 것을 보여 줍니다. 성경은 좋은 이야기나 훌륭한 이야기를 쓴 것이 아니라, 우리 마음의 모양을 정확히 보여 주어서 우리가 어떻게 해야 하는지 가르쳐 줍니다."

"아, 그렇군요. 성경은 참 진리의 말씀입니다."

그 어른의 마음에서 의문이 풀리고 성경을 더욱 사랑하게 되었습니다.

이게 다 주인 덕이야!

성경에는 많은 인물이 등장합니다. 사마리아 여자, 세리 삭개오, 강도 만난 자, 포도원의 농부들…. 그들의 이야기는 모두 우리 마음의 세계가 어떻게 생겼는지 그린 이야기들입니다. 마태복음 21장에 나오는 포도원 농부들 이야기에서 우리 마음이 어떻게 생겼는지 정확히 볼 수 있습니다.

농부가 자기 땅 없이 남의 땅에서 농사를 지으며 사는 것은 힘듭니다. 열심히 일해서 추수를 해도 정해진 양은 땅주인에게 주어야 합니다. 나머지로 농사지으면서 들어간 품삯 제하고, 거름 값 제하고, 이것저것 제하면 남는 것이 별로 없습니다. 겨우 먹고살 정도입니다.

여기 어떤 사람이 아주 좋은 포도원을 만들었습니다. 거기에 아주 좋은 포도를 심었습니다. 사방에 울타리를 만들고, 포도를 따면 바로 즙을 짤 수 있도록 구유를 파고, 포도원을 지킬 수 있는 망대도 만들었습니다. 포도원 주인이 타국으로 가면서 이 좋은 포도원을 농부들에게 세로 주었습니다.

농부들이 포도원에서 일하는 동안 행복했습니다. 가을이 되어 포도가 익었습니다. 수확할 때가 다 되어 품꾼들을 여럿 구해서 포도를 딴 뒤 구유에 넣고 밟았습니다. 포도가 터지면서 싱싱한 포도즙이 흘러나왔습니다. 포도즙을 항아리마다 가득 담았습니다. 포도 수확을 마친 뒤, 포도즙이 담긴 항아리를 시장에 가지고 가서 팔았습니다. 포도즙 향이 좋아서 사람들이 서로 사려고 다투었습니다. 저녁이 되어 돈을 가득 가지고 돌아왔습니다.

가난 속에서 힘들게만 살던 농부들이 갑자기 행복해졌습니다. 가족과 함께 외식도 하러 가고, 아이들 신발도 사고 옷도 샀습니다. 농부들이 생각했습니다. '이게 다 주인 덕이야! 주인님이 이 좋은 포도원을 우리에게 세로 주었기 때문에 우리가 이렇게 잘살게 되었어.' 포도원 주인에게 고마운 마음을 가졌습니다. 주인이 오면 주려고 가장 좋은 포도즙도 준비해 두었습니다.

자신들이 포도원 주인이 된 것 같았다
농부들의 삶이 먹고 입는 것만 달라진 것이 아니었습니다. 아프면 병원에도 갈 수 있고 영양가 있는 음식을 먹다 보니 가족들의 얼굴도 좋아지고 건강도 좋아졌습니다. 주위 사람들이 농부들을 대하는 태도도 달라졌습니다. 전에는 무시하고 쳐다보지도 않던 사람들이 공손하게 인사하고, 앞으로 포도즙을 자신들에게 팔아 달라고 부탁하는 사람도 있었습니다. 그렇게 지내다 보니 자신들이 포도원 주인이 된 것 같았습니다.

어느 날 낯선 사람들이 포도원에 왔습니다. '웬 사람들이 우리 포도원에 와 있지?' 다가가서 물었습니다.

"당신들 누군데 남의 포도원 앞에 있어요?"

"예, 이 포도원의 주인이 세를 받아 오라고 우리를 보냈습니다."

농부들이 자기 포도원이라고 느끼고 있다가 포도원 주인이 보내서 왔다고 하니 기분이 좀 안 좋았습니다. 그리고 주인이 보낸 사람들이라고 약간 거만한 것 같고 자기들을 무시하는 것 같았습니다.

"주인이 보내서 왔으면 왔지, 말하는 게 왜 그렇게 거만해?"

"예? 우리가 뭐라고 그랬습니까?"

"아니, 거만하게 구니까 그렇게 말하는데 왜 꼬박꼬박 말대꾸야?"

"그게 아니라, 말씀하셔서 우리가 대답한 것 아닙니까?"

"왜 이리 말이 많아? 이거 안 되겠네!"

"왜 때리려고 합니까?"

"맞을 짓을 했잖아."

농부들이 주인이 보낸 종들과 언쟁을 벌이다가 종들을 때리기 시작했습니다. 속으로는 '내가 왜 이러지? 이러면 안 되는데…' 하면서도 멈출 수가 없었습니다. 한 종은 심히 때리고, 한 종은 죽이고, 한 종은 돌로 쳤습니다. '주인이 고마운 분인데, 주인에게 잘해야 하는데, 주인이 보낸 사람에게 이러면 안 되는데…'라는 생각이 들었지만, 이미 일은 벌어지고 말았습니다.

그 후에 주인이 더 많은 종들을 보냈습니다. 농부들이 그것을 보고 '우리도 사람을 모아야겠다!' 하고 더 많은 사람들을 모아 종들을 때리고 죽였습니다. 주인이 나중에는 '농부들이 내 아들은 공경하겠지' 하고 사랑하는 아들을 보냈습니다. 농부들이 멀리서 주인 아들이 오는 것을 보고 생각했습니다.

'우리가 주인에게 큰 은혜를 입어서 주인에게 보답하려고 했는데 왜 이렇게 되었지? 이제 주인 아들이 오는구나. 아들에게 무릎을 꿇고 잘못했다고 용서를 빌어야 해.'

그때 다른 생각이 일어났습니다.

'잘못했다고 용서를 빈들 되겠어? 이미 엎질러진 물이야.'

'그럼 어떻게 해야 하지? 주인의 아들도 죽여? 그건 안 돼. 그럴 수 없어.'

'안 죽이면 어떡할 거야? 네가 안 죽이면 네가 죽을지 몰라. 차라리 죽이면 상속자가 사라지니까 포도원을 차지할 수 있잖아.'

그들은 그런 생각에 이끌려 주인의 아들도 죽였습니다.

하나님은 이것이 인간의 마음이라고 가르쳐 주신다

이것이 성경이 그린 인간의 마음입니다. 사람들이 모르는 것이 많은데, 정말 모르는 것이 자기 마음입니다. 사람들은 자기가 마음먹으면 그대로 된다고 생각합니다. 하지만 실제로 마음먹은 대로 사는 사람은 한 사람도 없습니다. 그렇게 하지 않으려고 해도, 정말 싫어해도 어떤 힘이 사람을 끌고 갑니다. 포도원 농부들은 주인에게 감사하려고 했지만 결국 주인의 아들을 죽이는 위치까지 들어갔습니다. 하나님은 성경을 통해 이것이 인간의 마음이라고 가르쳐 주십니다. 그런데 우리 마음이 이렇다는 사실을 정확히 아는 사람이 거의 없습니다.

오래 전에 제가 청소년을 위해 강연하러 갔을 때 한 부인이 저에게 말했습니다.

"목사님, 제 아들이 선생님을 때렸습니다. 세상에 선생님을 때리는 나쁜 놈이 어디 있습니까?"

가슴 아파하는 어머니에게 제가 말했습니다.

"아들이 선생님을 때린 것이 아니에요."

"확실해요. 많은 학생들이 보는 앞에서 때렸어요. 목사님이 모르셔서 그렇지, 제 아들이 때렸어요."

제가 그분에게 이야기했습니다.

"내가 컴퓨터 게임을 하면, '이제 그만해야겠다' 하면 그만 해요. 그런데 게임을 그만두려고 마음먹어도 게임을 그칠 수 없다면, 그것은 어떤 힘에 끌려가고 있는 거예요. 아주머니 아들이 선생님을 때리려고 마음먹어서 때린 것이 아니에요. 그런 생각이 없었는데 갑자기 어떤 생각이 욱하고 일어나 그 생각대로 한 거예요."

사람들을 악으로 끌고 가는 힘이 있습니다. 사람들은 그 힘에 대해 모르기 때문에 원치 않는 일을 하면서 괴로워합니다.

성경에 가룟 유다가 예수님을 파는 이야기가 나옵니다. 유다도 예수님이 행하시는 일들을 다 보았기 때문에, 자기가 예수님을 팔아서 십자가에 못박혀 죽으실 것이라고는 상상도 하지 않았습니다. 그런데 어느 날 예수님을 팔고 싶은 생각이 일어났습니다. 성경은 마귀가 그 생각을 넣었다고 했습니다.

"마귀가 벌써 시몬의 아들 가룟 유다의 마음에 예수를 팔려는 생각을 넣었더니"(요 13:2)

유다가 그 생각을 밀어냈습니다. '내가 왜 이런 생각을 하지? 이런 생각을 하면 안 되지.' 그런데 다시 생각이 올라왔습니다. '괜찮아. 예수님은 능력이 많으시니까 팔아도 벗어나실 거야. 그럼 팔아서 돈을 챙길까?' 이런 생각이 유다의 마음을 서서히 지배해 결국 예수님을 팔고 말았습니다.

마약에 손을 대는 사람들 가운데 마약 중독자가 되려고 하는 사람은 없습니다. '한 번만 해보지. 그런다고 중독되는 건 아니니까' 하고 시작합니다. '몇 번 더 해도 괜찮을 것 같아' 하고 또 손을 댑니다. '내가 마약에 중독되지는 않아. 인생 망치게 마약에 중독돼?'라고 생각하지만, 실제로는 점점 중독됩니다.

하나님과 다른 마음을 가지고 있으면 그 결과가 멸망인데도…
포도원 농부들은 주인을 공경하려고 했지만 전혀 다른 길을 걸었습니다. 주인의 아들까지 죽였습니다. 농부들은 어떻게 되었습니까? 그들 생각대로 포도원을 차지했습니까? 주인이 군대를 보냈습니다. 한 농부의 아내가 남편에게 말합니다.

"여보, 이제 우리 어떻게 해요? 왜 주인이 보낸 종들을 죽이고 아들까지 죽였어요?"

"나도 몰라. 나도 왜 그랬는지 모르겠어."

포도원 농부들이 다 진멸당했습니다.

예수님은 인간이 어떻게 멸망을 당하는지 분명히 이야기해 주셨습니다. 농부들은 자신들이 주인을 섬기려고 마음먹으면 그렇게 할 수 있을 줄 알았습니다. 사람들은 자신이 어떤 존재인지 잘 모릅니다. 자신이 얼마나 어리석고 연약한지 모릅니다. 그래서 자신을 믿습니다. 마음먹으면 성실하게 살 수 있다고, 참되게 살 수 있다고, 하나님을 잘 섬길 수 있다고 생각합니다. 율법을 지키려고 마음먹고, 선하게 살려고 마음먹고, 죄를 짓지 않겠다고 마음먹어도 그렇게 사는 사람은 없습니다. 인간을 끌고 가는 악한 힘이 있어서 그 힘에 이끌리면 발버둥을 쳐도 죄를 짓게 됩니다.

이 성경이 자신의 이야기라고 받아들이는 사람은 많지 않습니다. 하나님은 우리 마음을 정확히 그리셨지만, '내가 포도원 농부라면 주인의 아들을 죽이지는 않아'라고 생각합니다. 자신의 마음이 그렇다는 사실을 아는 사람은 드뭅니다. '복음을 위해 살 거야, 교회를 뒷받침할 거야'라고 생각하면서 하나님을 거스르며 사는 성도가 많습니다. '하나님, 당신의 은혜가 아니면 나는 사탄이 넣어주는 생각에 끌려갈 수밖에 없습니다. 저를 인도해 주십시오!'라는 마음을 가진 사람이 드뭅니다.

우리 안에 하나님과 다른 마음을 가지고 있으면 그 결과는 멸망입니다. 많은 사람들이 하나님과 다른 마음을 가지고 있으면서 '내가 이런 마음 가진 걸 누가 알아? 밖으로 드러내지 않고 살면 되지' 하고 삽니다. 지혜로운 사람은 자기를 믿지 않습니다. '내 힘으로는 바르게 살 수 없어. 예수님의 은혜가 아니면 난 안 돼.' 자신이 연약하다는 사실을 정확히 아는 사람은 자기를 의지하지 않고 예수님을 의지하는 쪽으로 마음을 옮깁니다.

마태복음 강해 4

초판 2025년 5월 10일

지은이 **박옥수**

책임편집 **박민희**
북디자인 **김주영**

발행처 **도서출판 기쁜소식**
출판신고 제2006-44호
주   소 서울시 양천구 신월로24길 8
문의처 02-2690-8860
이메일 **edit@goodnews.kr**
인쇄·제본 **프린트세일**

ⓒ 2025. 박옥수. All rights reserved.

이 책은 저작권법에 따라 보호받는 저작물이므로 무단 전재와 무단 복제를 금지하며,
이 책 내용의 전부 또는 일부를 이용하려면 반드시 출판사의 서면동의를 받아야 합니다.
책값은 뒤표지에 있습니다.

ISBN 978-89-6443-124-5 (04230)